a festa é sua

Cecilia Borgerth

a festa é sua

Guia Prático
de Fornecedores e
Serviços para Festas
e Eventos

ZAHAR
Jorge Zahar Editor

Estabelecimento de texto:
Paola Meggiolaro

Assistente de pesquisa:
Ana Albuquerque Lima

Colaboradores:
Andréa Manzi, Andréa Natal, Antonio Neves da Rocha, Aquim Gastronomia, Cecilia Borges, Gastão Veiga, Laura e Roberta Pederneiras, Mariangela Lima, Ovidio Cavalleiro, Roberto Cohen

Copyright © 2008, Maria Cecilia Moreira de Souza Borgerth

Copyright desta edição © 2008:
Jorge Zahar Editor Ltda.
rua México 31 sobreloja
20031-144 Rio de Janeiro, RJ
tel.: (21) 2108-0808 / fax: (21) 2108-0800
e-mail: jze@zahar.com.br
site: www.zahar.com.br

Todos os direitos reservados.
A reprodução não-autorizada desta publicação, no todo
ou em parte, constitui violação de direitos autorais. (Lei 9.610/98)

Projeto gráfico, composição e capa: Interface Designers / Amanda Mattos e Sergio Liuzzi

CIP-Brasil. Catalogação-na-fonte
Sindicato Nacional dos Editores de Livros, RJ.

B729f

Borgerth, Cecilia
A festa é sua: guia prático de fornecedores e serviços para festas e eventos / Cecilia Borgerth. – Rio de Janeiro: Jorge Zahar, 2007.

ISBN 978-85-378-0043-0

1. Promoção de eventos especiais - Planejamento. 2. Promoção de eventos especiais - Administração. I. Título.

07-3800

CDD: 394.2
CDU: 394.2

Muitas pessoas têm vontade de organizar uma festa ou evento para comemorar datas especiais ou divulgar produtos e acontecimentos. No entanto, sempre imaginam que o custo é muito alto ou a elaboração muito complicada. Este livro mostra que essa tarefa pode não ser tão difícil, nem tão cara assim. Você pode planejar, organizar e produzir seu evento com facilidade, criatividade e muito prazer.

Os primeiros dois capítulos são repletos de informações e dicas fundamentais para que você sinta muita tranqüilidade ao planejar e organizar o seu evento. O terceiro capítulo é dedicado a uma festa especial e tradicional: o casamento.

O quarto capítulo apresenta um guia, inédito no Brasil, com mais de dois mil contatos profissionais do mercado de festas e eventos. Os fornecedores estão localizados no Rio de Janeiro, São Paulo, Belo Horizonte e Brasília, porém, grande parte deles atende também a outros estados.

Aproveite as informações e comemore conosco a oportunidade de poder criar, você mesmo, uma festa cheia de magia e muito sucesso.

Esta é uma publicação indispensável para os profissionais desse setor e, principalmente, um manual obrigatório para todos os que pensam em organizar festas e comemorações.

Aproveite, a festa é sua!

SUMÁRIO

PLANEJAMENTO

Estilo 11
  Festas ou eventos formais 11
  Festas ou eventos informais 12
  Festas ou eventos temáticos 12
  Coquetéis 13
  Coquetel volante 14

Data 14
Número de convidados 15
Local 15
Bufês 16
  Tipos de serviço do bufê 18
  Como colocar a mesa 18

Bartender, bebidas e gelo 20
Cerimonialista, firma de eventos e promoter 22
Orçamento 23
  Como fazer o orçamento da festa? 23

ORGANIZAÇÃO E PRODUÇÃO

Clima e ambientação 27
  Entretenimentos festeiros 27

Convites 28
  Envio dos convites 28
  Confirmação de presença 29
  Tipos de trajes 29
  Calígrafos 30

Decoradores e ambientadores de festas ou eventos 31
  Ambientação da festa 32
  Iluminação 33
  Toldos, tendas e coberturas 33
  Flores e plantas 34
  Móveis diversos 35

Aluguel de acessórios e utensílios 35
  Louças, copos e talheres 36
  Sousplats 37
  Baixelas, bandejas e réchauds 37
  Toalhas de mesa e guardanapos 37

Infra-estrutura 38
  Climatização 39
  Geradores de energia elétrica 40
  Banheiros químicos 40
  Containers 41

Profissionais da infra-estrutura 41
  Recepcionistas 42
  Garçons, maîtres e copeiras 42
  Manobristas, seguranças e pessoal da limpeza 44
  Paramédicos e ambulâncias 44

Cuidados para o dia seguinte 45

CASAMENTOS

Vamos nos casar?	49
Quando?	49
Como?	49
Festa	50
Cerimônias religiosas	50
Onde?	52
Convites e calígrafos	52
Qual o estilo do seu casamento?	53
A decoração da festa	54
Flores e ambientação	56
O bufê escolhido para a festa	56
O registro do casamento	58
Cronograma para organização do casamento	59

GUIA DE FORNECEDORES E SERVIÇOS

Banqueteiras e bufês	64
Bartender, bebidas e gelo	77
Bolos, doces, chocolates e bem-casados	82
Buquês, grinaldas e tiaras	93
Cerimonialistas	94
Climatização, aromatização, geradores, banheiros químicos e containers	99
Comidinhas	101
Convites, calígrafos, confirmação e entrega	107
Decoradores	112
DJ's, música ao vivo e para cerimônias religiosas	118
Entretenimentos festeiros	125
Estilistas, aluguel de roupas, sapatos e aluguel de fantasias	127
Firmas de eventos e promoters	132
Flores e plantas ornamentais	138
Fotógrafos e *videomakers*	141
Garçons, maîtres e copeiras	146
Igrejas e sinagogas	147
Iluminação, sonorização e multimídia	152
Locais para festas e eventos	155
Casas de festas	155
Museus, parques e espaços	162
Clubes	162
Hotéis	164
Louças, copos, talheres, freezers etc.	167
Material de cozinha	168
Toalhas e guardanapos	168
Sousplat e porta-guardanapos	169
Capas para cadeiras	169
Manobristas, seguranças e limpeza	170
Móveis diversos	172
Sofás, puffs, biombos etc	172
Mesas e cadeiras	174
Cadeiras para auditórios	175
Recepcionistas	175
Souvenirs e artigos para festas	176
Telefones úteis	178
Toldos, tendas, coberturas e estruturas tubulares	181
Transportes	182
Locação de carros	182
Helicópteros e jatinhos	185
Ônibus e vans	185
Velas e objetos que iluminam	186

PLANEJAMENTO

ESTILO	11
DATA	14
NÚMERO DE CONVIDADOS	15
LOCAL	15
BUFÊS	16
BARTENDER, BEBIDAS E GELO	20
CERIMONIALISTA, FIRMA DE EVENTOS E PROMOTER	22
ORÇAMENTO	23

O item mais importante no planejamento de uma festa é a **antecedência** da sua elaboração. Nada bom é feito às pressas. Uma organização minuciosa faz com que surpresas desagradáveis não atrapalhem sua comemoração. Vamos caminhar juntos, passo a passo, na organização do seu evento, seja ele de que tamanho for, para nada ser esquecido. Neste capítulo vamos definir o perfil da sua festa e montar um primeiro orçamento com os custos principais a serem considerados. Se você conseguir saber quem, quando, onde, como e porquê, você conseguirá realizá-lo com sucesso.

ESTILO

Sua festa precisa ter a sua cara ou a cara daquilo que você quer comemorar, divulgar ou homenagear. Qual estilo você gostaria de escolher?

Festas ou eventos formais
Um evento formal segue etiquetas e regras pré-estabelecidas, socialmente convencionadas. Essas regras se impõem tanto para os anfitriões quanto para os convidados.

Esse é um estilo de evento que serve para oficializar determinado acontecimento para a sociedade, como a união de duas pessoas ou a nomeação de alguém para um novo cargo numa empresa ou instituição.

Muitas circunstâncias familiares pedem uma comemoração formal, entre elas: noivados, casamentos, bodas, bar-mitzvah, festas de debutantes, aniversários etc.

O estilo formal de comemoração é comum em organizações corporativas ou institucionais em geral visando formalizar mudanças, como novas chefias, fusões de empresas ou a apresentação de novos profissionais contratados. Até mesmo o lançamento de um produto ou de um novo artista pode requerer uma festa formal.

Nos eventos governamentais como reuniões e posses, assim como naqueles que envolvem representações estrangeiras, o estilo formal também é o mais usual. Reuniões políticas, convenções partidárias e outras ocasiões correlatas pedem eventos mais formais.

- **Festas organizadas** em torno de determinada pessoa possuem o perfil ou oferecem detalhes que fazem referência ao homenageado.
- **Menus individuais** são bastante comuns em jantares mais formais. O esmero na apresentação gráfica do cardápio transforma o menu individual num souvenir da festa. É interessante consultar um calígrafo.
- **Muita atenção na elaboração** dos cardápios. Cuidado com os erros de grafia, principalmente na transcrição dos nomes dos pratos em idiomas estrangeiros.
- **Convidados cerimoniosos** jantam à mesa em pequenos grupos.
- **Em festas de aniversário** o anfitrião pode receber presentes. Uma recepcionista deve ser encarregada de colocar o nome do convidado em cada um deles. É muito elegante o anfitrião, logo após a festa, enviar um cartão de agradecimento, escrito de próprio punho.

Festas ou eventos informais

Em eventos informais, não é necessário seguir as regras da etiqueta tradicional, bastando servir-se de liberdade, criatividade e bom gosto.

Festas informais podem apresentar qualquer tipo de clima ou ambientação, dependendo, unicamente, da inventividade do anfitrião.

Uma festa tem duração de, em média, até sete horas, e deve entreter seus convidados durante todo esse tempo. Você precisa criar contínuas situações agradáveis e divertidas.

> É muito importante aproveitar esta fase de elaboração da festa para experimentar diversas possibilidades de realização da mesma. Consulte o **Guia de fornecedores e serviços** (p.63) e verifique os muitos recursos disponíveis para você.

Festas ou eventos temáticos

Estilo informal de comemoração muito utilizado na atualidade. Seu planejamento direciona os vários componentes do evento, como decoração, bufê, música e entretenimentos, para um único tema, motivo ou elemento principal da comemoração.

Para fazer uma festa temática, em primeiro lugar, você deve avaliar se quer seu convidado interagindo mais do que o habitual.

Além de atender a vontade daqueles que desejam realizar uma comemoração extrovertida, a festa temática preenche os quesitos necessários para ser um excelente veículo de divulgação comercial.

Você pode optar por esse tipo de festa tanto em eventos de cunho familiar quanto de cunho institucional. Uma festa temática para o lançamento de algum produto obriga o convidado a entrar no clima, isto é, divulga o produto de maneira marcante. Numa confraternização entre funcionários, a festa temática descontrai o ambiente, com brincadeiras e diversão, e pode promover amizades.

É comum também se fazer festas temáticas na inauguração de um novo espaço cultural, esportivo ou de entretenimento e restaurantes. Esse tipo de comemoração ressalta os aspectos mais característicos do evento em questão ou de seus patrocinadores.

Use sua imaginação e pense que há alternativas pouco dispendiosas e muito criativas.

- **Festa à fantasia**, festa das mil e uma noites, de trajes exclusivamente em preto e branco, inspirada nas cores do Natal, festa caipira etc., tudo é temático.
- **Escolha duas ou três cores** como base para a decoração. Por meio delas o tema é sugerido repetidamente com os mais diversos elementos como flores, toalhas de mesa e guardanapos, iluminação, traje da festa etc.
- **Pequenos detalhes**, como uma determinada flor em cada mesa ou um arranjo com frutas, decoram o tema da sua festa sem serem dispendiosos.
- **Imagine uma festa à beira-mar**, com todos os seus participantes vestidos de branco, com sandálias, inclusive o serviço do bufê. A música pode ser indiana, com cítara e mantras. Cozinha indiana e serviço à indiana. A influência de culturas diferentes é fonte de grande inspiração na escolha do tema da festa.
- **Na festa temática** tudo deve combinar com o tema escolhido: dos drinks aos canapés e à refeição principal. Não fique no meio do caminho. Explore o tema da sua festa ao máximo ou não faça uma festa temática.
- **Escolha um cardápio diferente**, aproveitando as alternativas saborosas e preços muitas vezes bem em conta. Monte a apresentação do bufê com vários detalhes e surpresas que lembrem o tema da festa.
- **Comidas típicas regionais** ou de outros países já são, em si, uma atração à parte.

Coquetéis

O coquetel é uma modalidade tradicional de evento que pode ser formal ou informal. A maioria dos convidados fica em pé e as bebidas e os canapés são servidos em bandejas pelos garçons. Por isso, a previsão de duração do evento é de três a, no máximo, cinco horas.

Os coquetéis formais se caracterizam pelo traje indicado no convite, pelos uniformes do maître e dos garçons e pela sofisticação da comida e das bebidas servidas.

Os coquetéis informais podem assumir as mais diferentes modalidades de serviço e estilo. No lançamento de algum produto ou personalidade, o coquetel pode, inclusive, ser temático.

Coquetel volante

É um tipo de jantar ou festa informal, muito usual no momento. Diferencia-se do coquetel tradicional pelo fato de servir, além dos canapés habituais, "comidinhas" mais substanciais, como risotos, massas, cremes quentes etc. dispostos em pequenos pratos e potes que serão servidos pelos garçons em suas bandejas. O ritmo animado do coquetel volante não será quebrado pela parada obrigatória que um banquete impõe.

DATA

Conforme enunciado no início deste capítulo, a antecipação é o segredo de uma festa ou evento bem planejado.

Na escolha da data da sua comemoração, lembre-se que você necessita de tempo para acertar todos os detalhes. Seu convidado precisa também se programar, desmarcando compromissos, comprando eventuais presentes etc.

Portanto, não marque uma data muito próxima da sua decisão de realizar o evento. Dê um prazo para que as idéias sobre a festa amadureçam. Você necessita de, no mínimo, um mês para planejar, organizar e produzir com competência a sua comemoração.

- **Nunca escolha** o dia para a realização do seu evento num feriado ou próximo a ele.
- **Festas durante a semana** devem começar e terminar mais cedo.
- **Festas no final da semana**, como na sexta-feira, são atraentes por serem um bom início do fim de semana.
- **O domingo só deve ser aproveitado** para cafés da manhã ou almoços.
- **Eventos fora da cidade** devem prever questões meteorológicas e os eventuais transtornos no deslocamento dos convidados.
- **Tenha sempre duas ou mais** opções para adequar melhor o dia da festa com as possibilidades de baratear os custos.

NÚMERO DE CONVIDADOS

Se reunirmos poucas pessoas, cada detalhe fica em destaque e os serviços podem ser mais eficientes e sofisticados. Quando recebemos muitas pessoas num mesmo ambiente, devemos tomar uma série de cuidados. A infra-estrutura não pode ser esquecida, como por exemplo, seguranças, recepcionistas, copeiras, manobristas, ambulâncias, paramédicos etc.

Depois de fechar o número de convidados, a lista continua subindo. Você ainda vai se lembrar de muitos nomes. A dica é trabalhar com uma margem de 20 a 30% acima do número inicial para não haver erro na hora de contratar os serviços da festa.

LOCAL

Tendo definido o número de convidados, onde recebê-los?
Pequenos restaurantes, casas de festas, grandes *lounges*, boates, sua própria casa, parques, museus. Imagine qual o espaço que você necessita e onde deseja receber seus convidados. São inúmeras as opções de endereços que você terá em mãos.

- **Alguns hotéis e clubes** possuem uma infra-estrutura pronta e disponível. O preço do aluguel pode incluir a locação de mesas, cadeiras, bufê, bebidas, louças e garçons. Não esqueça que os hotéis têm preços diferenciados durante a semana.
- **Endereços diferentes** entram com muito charme no clima da sua comemoração. Pense em receber em restaurantes de comidas típicas, em locais recém-descobertos, com vistas panorâmicas etc.
- **Realizar a festa em casa** pode sair mais caro e com certeza mais trabalhoso do que alugar um espaço especial para isso.
- **Antes de alugar o local para a festa,** procure saber se há qualquer tipo de restrição quanto à decoração ou ambientação que você deseja introduzir.

- **Se escolher um lugar público**, como um museu ou parque, nunca coincida a hora do seu evento com o horário habitual de visitação do local.
- **Áreas abertas** são um deleite para os olhos, porém podem ser opções mais dispendiosas se exigirem a confecção de tendas ou coberturas para a recepção dos convidados.
- **Casas de festas** oferecem o seu próprio bufê. Se você já tem um banqueteiro escolhido, confirme com o gerente do local a possibilidade de utilizar outro serviço independente.
- **O local do evento** tem que oferecer grande facilidade de estacionamento. Caso contrário, o serviço de *valet parking* deve ser logo contratado.

Calcule o espaço suficiente para que a festa nunca pareça estar vazia. Esses são alguns parâmetros espaciais que podem auxiliar na escolha do local da festa:

Casamentos ou festa mais formal: $2m^2$ por pessoa.
Coquetéis (convidados em pé): $1,50m^2$ por pessoa.
Festas com alguma formalidade: $1,50m^2$ a $2m^2$ por pessoa.
Festas informais: 1 a $1,20m^2$ por pessoa.

Esses são parâmetros para serem usados levando em consideração a metragem total do espaço da festa, inclusive as áreas de serviço.

Festas para jovens são um sucesso se forem mais apertadas.

BUFÊS

Os chefs de cozinha e banqueteiros são os profissionais capazes de deliciar o seu convidado em três dos seus cinco sentidos. O paladar e o aroma juntam-se à visão de um bufê bem apresentado e produzido com maestria.

A escolha desse profissional é crucial para o sucesso da sua recepção porque a comida servida aos convidados sempre é um dos itens mais notados. Você vai ser rigorosamente julgado pelo seu gosto culinário.

Pense também que o custo do bufê é, quase sempre, o item mais caro do seu orçamento, seguido pela possível confecção de toldo e pelo aluguel do local da festa.

Procure o profissional que mais combine com o estilo da sua recepção e fique atento à especialidade de cada um. Avalie a relação de custo/benefício na escolha do seu cardápio.

- **Há banqueteiros e chefs** especializados em cardápios de comidas típicas e de diversas nacionalidades: brasileira, árabe, judaica, francesa, italiana, tailandesa, japonesa, mineira etc.
- **Há profissionais** que só fazem comidinhas transadas, mais indicadas para um coquetel volante.
- **Um chef de cozinha** clássica francesa prefere servir convidados sentados à mesa.
- **Determinados bufês** têm estrutura para servir até 3.000 pessoas. Outros chefs não gostam de cozinhar para mais de 100 convidados.
- **Em banquetes formais**, os grandes bufês têm capacidade de servir até 1.500 pessoas sentadas, utilizando para isso cerca de 200 profissionais.
- **Cada chef** tem seu modo de apresentar a comida, os coquetéis, doces etc. A apresentação é tão importante quanto o cardápio a ser servido. Verifique se o gosto dele combina com o seu.
- **Para que a quantidade** de comida seja suficiente até o final do evento, mantenha o chef atualizado a respeito do número de convidados confirmados pelo cerimonialista ou pelo *RSVP*. Calcule 10% acima do número informado. Prevenir-se é mais fácil do que fazer milagres.
- **Não se esqueça** das boleiras e doceiras. Há especialistas em barrigas de freira, caramelados, bem-casados, até as que fazem apenas brigadeiros dos mais diversos tipos.
- **Para as festas que prometem** romper a madrugada, pense na possibilidade de servir um belo café da manhã. Elabore um cardápio diferente com o bufê da sua escolha. Shakes de iogurtes e sorvetes de frutas são revigorantes. Cremes de milho ou arroz e pães quentinhos são inesquecíveis gostosuras se servidos pela manhã. Esse gesto carinhoso permite aos seus convidados recuperar as energias gastas na longa noite.

Tipos de serviço do bufê
Há quatro modalidades básicas de serviço de bufê, o que também vai determinar o grau de formalidade ou informalidade da sua festa:

Serviço à francesa
Essa é a modalidade formal mais requintada e, portanto, a mais dispendiosa de servir um banquete. O convidado faz a sua refeição sentado, servido por garçons, tanto de bebida quanto de comida, que deve ser apresentada em travessas, ao longo do banquete. A mesa é posta de acordo com o cardápio. É evidente que esses casos exigem um planejamento mais atento, além de um contingente de garçons, cozinheiros e auxiliares muito maior e mais qualificado.

Serviço empratado ou semi-francês
O convidado consulta o cardápio e define seu prato. Ele é servido à mesa pelo garçom. No entanto, recebe o prato já servido, de acordo com a sua escolha. Economiza-se, assim, 20% a 30% do contingente de garçons necessário para um serviço à francesa, sem retirar a formalidade do banquete.

Serviço à inglesa
Modalidade mais utilizada no mundo inteiro. Mescla formalidade e informalidade. Os diversos pratos que compõem a refeição são dispostos numa mesa-bufê, decorada com primor. Os próprios convidados se servem, o que os permite escolher livremente. A mesa é posta de acordo com o cardápio, cabendo aos garçons apenas servir as bebidas e retirar a louça usada. Um número menor de profissionais pode ser requisitado, o que diminui o custo do banquete.

Serviço à americana
Neste tipo, somente as bebidas são servidas pelos garçons. A comida é disposta na mesa-bufê, assim como os talheres, pratos, copos e guardanapos. Os convidados comem em pé ou sentados informalmente, pois não há mesas postas. Esse modelo é o menos dispendioso e, conseqüentemente, o mais informal.

Como colocar a mesa
Saber dispor a toalha da mesa, pratos, copos, os diversos talheres utilizados em uma refeição, dobrar charmosamente guardanapos, é conhecer as regras básicas da etiqueta formal, que seguem uma lógica simples e de fácil compreensão.

Muitos dos detalhes que você vai criar podem não ser notados pelos convidados, mas sabemos que um erro na disposição de algum dos componentes da mesa é considerado uma grande falha do anfitrião.

Portanto, siga atentamente as regras formais para que você não tenha mais nenhuma dúvida quando for preparar as mesas da festa.

- **Para um melhor aproveitamento** do espaço à mesa, disponha os pratos com uma distância de 20 a 40 cm entre eles. Coloque as cadeiras e confira se os convidados estarão confortáveis.
- **Coloque, no máximo, 10 pessoas** em cada mesa para que o serviço fique mais eficiente.
- **Recomendamos destacar** um garçom para servir de três a seis mesas. Esse número pode chegar ao limite máximo de oito mesas por garçom se o estilo do serviço do bufê for informal.
- **Um modelo ideal**, porém muito dispendioso, é manter um garçom para servir cada mesa.
- **É muito elegante destacar** copeiras para ajudar a servir na mesa-bufê do serviço à inglesa. Os convidados apreciam essa comodidade e evitam assim os riscos de se sujarem ou derrubarem as comidas ao se servirem.

Na contratação do bufê, não esquecer de combinar:
• Escolha do cardápio com menu degustação.
• Horário previsto para o início e o término do serviço.
• Preço de eventuais horas extras do serviço.
• Número de convidados e preço por pessoa.
• Preço para um número extra de convidados.
• Tipo de serviço do banquete.
• Confirmação do cardápio, coquetéis e bebidas (se for o caso).
• Quantidade de garçons por pessoa.
• Formas de pagamento.

Procure sempre conseguir um menu degustação, o que ajuda na escolha do tipo de comida e sua apresentação.

BARTENDER, BEBIDAS E GELO

"No Rio só existem duas estações: o verão e o inferno."
Zózimo Barroso do Amaral

A escolha da bebida que você quer servir para os seus convidados deve combinar não só com o cardápio que foi elaborado, mas também com a estação e a temperatura.

• **Muitas pessoas reunidas** produzem sempre muito calor e exigem condicionadores de ar a todo vapor.
• **Independente da época do ano**, a climatização do ambiente do evento é o artifício que permite aos convidados apreciar melhor as bebidas servidas.

Há quatro caminhos para conseguir indicações das melhores bebidas a servir:

• **Os cerimonialistas** sabem as marcas que fazem sucesso e estão disponíveis no mercado. Eles ajudam você a calcular o custo/benefício de cada opção.
• **O chef de cozinha** pode sugerir os tipos de bebida que combinam com o cardápio escolhido e a quantidade que deve ser comprada, para evitar-se o desperdício.

- **Bartenders ou** *barmans* são profissionais que também podem ajudar na escolha das bebidas e apontar os drinks, batidas e coquetéis mais apreciados.
- **Nas boas lojas e atacadistas** há consultores que ajudam não só na escolha, mas também a analisar o melhor custo/benefício de cada opção.

- **A maioria dos fornecedores** de bebida vende em consignação. Paga-se apenas o que for consumido. Portanto, negocie essa possibilidade e não pague antecipadamente. Não se esqueça também que a bebida já resfriada não é aceita na devolução.
- **Água mineral e refrigerantes** nunca podem ser esquecidos. Normalmente são vendas consignadas.

"A única coisa que não pode faltar em uma festa é gelo",
disse o festeiro Marcio Azambuja.

Chegamos ao ponto mais importante desse item: gelo. Seja inverno ou verão, estamos falando de festas e eventos nos trópicos, lugares quentes por excelência. Gelo não pode faltar.

- **São os banqueteiros** ou chefs de cozinha que se responsabilizam pelo gelo e condicionamento das bebidas. Mas isso não é regra. Há outras negociações que podem ser feitas com os fornecedores exclusivos.
- **Deixe nas mãos do profissional** responsável o cálculo da quantidade de gelo a providenciar e o local para armazená-lo, assim como as bebidas. Pense apenas que é melhor prevenir do que sair no meio da festa para comprar gelo.

Sugerimos os seguintes parâmetros básicos para se calcular o consumo de bebidas numa festa, considerando que uma comemoração tem a duração média de cinco horas.

- 100 pessoas consomem 48 garrafas de champanhe em uma festa. O champanhe é a bebida mais consumida em qualquer evento.

- 100 pessoas consomem 36 garrafas de vinho se for servido um banquete ou um coquetel volante com "comidinhas".

- 100 pessoas consomem 12 garrafas de whisky.

CERIMONIALISTA, FIRMA DE EVENTOS E PROMOTER

Um **cerimonialista** deve ser contratado caso você não queira organizar sua festa sozinho. Esses profissionais sabem realizar aquilo que você tem em mente. O seu trabalho passa a ser supervisionar a produção para que nada saia diferente daquilo que imaginou.

• **Se sua festa** tem mais de 100 convidados, você já pode pensar em contratar um cerimonialista. Ele fica responsável pela organização e é quem faz contato com banqueteiros, decoradores e profissionais de infra-estrutura, como DJs, serviço de manobrista etc.
• **O** *timing*, o ritmo da festa, música lenta, música animada ou a limpeza dos banheiros e, até mesmo, o convidado que passa mal, tudo é de responsabilidade do cerimonialista.
• **Em festas corporativas** o cerimonialista é indispensável para dar o tom do evento na ausência do "anfitrião ou anfitriã" em questão.

Muitas vezes, independente do tamanho da festa, as empresas contratam **firmas de eventos**. Elas respondem por toda a produção da festa, inclusive pela contratação do cerimonialista. Uma firma de eventos deve ser chamada para megaeventos e superproduções.

O promotor de eventos (**promoter**) é o profissional que deve ser contratado por quem quer divulgar com abrangência determinada festa. Ele deve tornar o evento concorrido e badalado.

Cada promoter tem um perfil de *mailling* diferente, isto é, alguns têm contatos com a alta sociedade, outros com personalidades corporativas, e há, ainda, aqueles que são amigos de artistas e celebridades.

Para que as festas corporativas ou superproduções tenham a repercussão desejada na mídia, o promoter inclui na lista de convidados celebridades do momento e artistas. Assim, garante uma cobertura jornalística eficiente, o sucesso da divulgação do produto lançado no evento ou a badalação do anfitrião em questão.

Escolha o promoter de acordo com o objetivo que você queira alcançar com seu evento.

ORÇAMENTO

Depois do planejamento um primeiro orçamento já pode ser estimado.

Os números devem sempre acompanhar as suas idéias. Comece a levantar os custos e mantenha os valores em dia com a sua fantasia. Uma dose de realidade é sempre bem-vinda no momento do planejamento do seu evento.

Como fazer o orçamento da festa?

Independente do montante que você reservou para financiar o evento, é crucial saber distribuir os valores de acordo com o seu projeto ideal e com o custo dos detalhes que você considera indispensáveis.

Nunca se sinta restrito pelo fato de não dispor de uma quantia muito alta. Existe uma gama de alternativas baratas e até inéditas, dependendo unicamente de criatividade e bom gosto.

O objetivo deste livro é indicar o caminho para a realização de qualquer gênero de evento, seja com orçamento grande ou pequeno, com um resultado que satisfaça você.

- **O bufê e o local** escolhidos são as maiores "mordidas" no seu orçamento.
- **Entretenimentos que têm preço fixo**, independente do número de convidados, devem ser bem estudados. Uma banda que toque a noite inteira tem um cachê único, mesmo que toque para um só casal.
- **Você deve prever uma reserva** para pequenas surpresas de última hora.
- **Se não contratou** um cerimonialista, prepare-se para negociar com cada fornecedor, preferencialmente assinando um contrato de prestação de serviços como garantia.
- **Contratos devem incluir** a descrição dos serviços, data, início e término do evento, horas extras, forma de pagamento e cláusula para o eventual cancelamento do serviço.
- **Faça sempre vários orçamentos** para cada item. Compare-os atentamente, mas nunca coloque em confronto os profissionais em questão.
- **Diga a quantia** que você quer gastar quando pedir um orçamento. A sinceridade nesses momentos evita desgastes futuros.
- **As festas são momentos de diversão**. Trate com muita seriedade e educação os profissionais que forem contratados, para que você realmente aproveite a data sem aborrecimentos.

ORGANIZAÇÃO E PRODUÇÃO

CLIMA E AMBIENTAÇÃO	27
CONVITES	28
DECORADORES E AMBIENTADORES DE FESTAS OU EVENTOS	31
ALUGUEL DE ACESSÓRIOS E UTENSÍLIOS	35
INFRA-ESTRUTURA	38
PROFISSIONAIS DE INFRA-ESTRUTURA	41
CUIDADOS PARA O DIA SEGUINTE	45

"Conseguir realizar as coisas, afinal, não tem a ver com poder ou posição. Mas sim com paixão, imaginação e persistência."
Tom Peters

Vamos tratar agora de outros itens necessários que não foram abordados no primeiro capítulo, mas que influenciam diretamente no orçamento da sua festa.

Comece a consultar o **Guia de fornecedores e serviços** (p.63). Esse é o momento de escolher criteriosamente os serviços profissionais e levantar custos para chegarmos ao orçamento definitivo.

Não se esqueça de que um evento deve entreter seus convidados o tempo todo, como uma peça de teatro ou um show. Portanto, faça também uma lista dos pequenos detalhes para que nada seja esquecido.

Peça ao profissional contratado que descreva, de preferência no papel timbrado da empresa, todos os prazos e detalhes acertados para que não haja dúvidas na fase da execução do trabalho.

CLIMA E AMBIENTAÇÃO

A lembrança mais marcante que seu convidado vai guardar é o espírito que você criou na sua festa ou evento.

São os pequenos detalhes que determinam o sucesso da sua comemoração. Recheie sua festa com personalidade.

Entretenimentos festeiros

A maior parte dos estilos de festa pede "surpresas". É importante divertir os convidados durante todo o evento, principalmente se este for de longa duração. Veja algumas idéias no **Guia de fornecedores e serviços**, p.125.

Convenções e congressos, por exemplo, são grandes eventos onde as pequenas comemorações acontecem nos *coffeebreaks*, almoços e jantares. Shows e pequenas performances são excelentes escolhas para criar mais intimidade entre os participantes.

DJs, sonorização e pistas de dança são os principais serviços profissionais para ambientar uma festa para jovens. Ver **Guia de fornecedores e serviços**, p.118.

- **Uma reunião profissional** pode alternar concentração e descontração através de um bom performista.
- **Se a festa for animada**, pense na distribuição de brindes criativos.
- **Surpreenda seus convidados** com uma sessão de fogos de artifício ou um show de malabarismo.
- **Shows de magia**, drinks esotéricos, iluminação cênica dão à sua festa um clima muito moderno.
- **Se o tema for esotérico**, ciganas lêem as mãos dos convidados e vêem seu futuro em bolas de cristal.
- **Um animador de festas** se mistura aos convidados fazendo-os rir e interagir de maneira natural e descontraída.
- **Contrate um caricaturista** para fazer os retratos dos seus convidados. Além de ser uma divertida atração, a caricatura, que leva até sete minutos para ser feita, é uma recordação diferente que vão guardar da sua festa.

CONVITES

O **Guia de fornecedores e serviços**, p.107, oferece diversas opções de serviços gráficos e profissionais especializados. Um convite bem bolado instiga o convidado a ir à festa. Use a sua criatividade. Você deve procurar a ajuda de um *designer* ou de um estúdio de artes gráficas. Há quem faça convites incríveis por um bom preço.

- **Crie um convite atraente** o bastante para que seu convidado se sinta honrado pela sua escolha e não queira perder o evento em nenhuma hipótese.
- **Antes de encomendar os convites**, certifique-se da quantidade correta para evitar o desperdício. Casais, por exemplo, são dois convidados num único convite.
- **Muita atenção ao texto** para que fique claro se você convida com direito a acompanhante. O planejamento da sua festa vai por água abaixo se o convite confundir o convidado.
- **Quanto mais formal é o convite**, mais formal será o evento. Portanto, no momento em que recebê-lo, o convidado já tem uma idéia do tipo de festa que vai acontecer.
- **Personalize seus convites** com a ajuda de um calígrafo talentoso. Planeje, com este profissional, maneiras de inserir em cada convite um símbolo ou um pequeno desenho que individualize, inclusive, cada convidado.

Envio dos convites

O envio dos convites de uma festa observa um cronograma que não pode ser menosprezado. São várias as maneiras de fazer chegar o seu convite:

Convites por telefone – São bastante usuais, mas exigem um número pequeno de convidados. Alguém contratado ou da sua confiança liga para até 250 pessoas. A antecedência deve ser de 10 a 15 dias.

Convites impressos – Atendem também às festas corporativas. Um planejamento muito eficiente consegue que o convite chegue com oito dias de antecedência, nem mais, nem menos. Nessa data, já deverá ter sido veiculada na mídia alguma chamada para o evento.

Convites por e-mail – É outra maneira impessoal, porém bastante eficiente, de fazer chegar sua mensagem. As empresas com *mailling* fazem um trabalho prévio de cadastramento de clientes, prestadores de serviços, pessoas que participam e são importantes para o empreendimento. No momento de contatá-las para um evento, os nomes já estão classificados, bastando apenas criar o convite virtual e enviá-lo.

Convites de casamento – Devem chegar com antecedência mínima de 20 dias. Se o convidado decidir ir à cerimônia e/ou à recepção, precisa de tempo para comprar o presente dos noivos, escolher a roupa que vai usar, desmarcar compromissos etc.

> **Festas corporativas são sempre impessoais. Se o convite chegar com muita antecedência, corre-se o risco de o convidado esquecer o dia da festa.**

Confirmação de presença

É sempre bom saber a previsão de quantas pessoas comparecerão ao evento para que não haja desperdício com comidas e bebidas, locações desnecessárias ou, ao contrário, a falta de todos esses itens e de infra-estrutura na hora da festa.

Na prática, em média, 25% das pessoas convidadas não confirmam a presença. Ainda assim, 10% dos convidados confirmados não vão na última hora. Para um cálculo preciso, baseie-se em 10% a menos do total dos convidados confirmados.

- *RSVP* **ou serviço de confirmação ativa** – você pode contratar um profissional para realizar o trabalho ou deixar alguém responsável para atender os convidados que confirmam sua presença na festa.
- **Há quem coloque uma pessoa** ligando para os convidados para obter a confirmação da presença.

> **O cerimonialista tem, normalmente, o serviço de confirmação ativa disponível no seu escritório.**

Tipos de trajes

Nos convites é muito importante informar o tipo de traje a ser usado na festa. Ele determina o estilo escolhido.

Classificação dos trajes que podem constar no convite:

Esporte – *feminino*: saia ou calça e blusa, sapatos baixos ou sandálias e bolsa do dia a dia; *masculino*: camisa sem gravata e sapato tipo esporte ou com solado de borracha.

Esporte completo – *feminino:* blazer e saia, vestido, saia e blusa, sapato mocassim e bolsa do dia a dia; *masculino:* camisa sem gravata, sapato mocassim.

Passeio – *feminino: tailleur*, vestido com ou sem blazer, sapatos mais delicados tipo *scarpin* e bolsa pequena; *masculino:* blazer ou paletó, calça, gravata e sapato de couro.

Passeio completo – *feminino:* vestido ou conjunto de tecidos nobres, sapatos em couro, camurça ou forrados do mesmo tecido da roupa e bolsa pequena; *masculino:* terno escuro completo e sapato de couro.

Black-tie – *feminino:* vestido longo cobrindo os pés ou curto de tecidos nobres. Carteiras ou bolsas e sapatos devem ser forrados do mesmo tecido; *masculino:* smoking completo, fraque ou summer jacket. Sapatos sempre de couro preto.

- **Se o evento for noturno**, a camisa deve ser branca, se for diurno, poderá ser de outra cor.
- **Atenção para a combinação** da gravata com a camisa: as sem estampa combinam com camisas listradas, já as listradas ou com estampa devem ser usadas apenas com camisas lisas.

Calígrafos

São profissionais treinados em caligrafia que escrevem os nomes dos convidados nos respectivos envelopes. Podem, também, escrever no próprio convite. Muitos trabalham com bico de pena e nanquim.

O calígrafo desenha a letra inicial do livro de presença da recepção, as capas dos cardápios do banquete além de gravuras que individualizam o convite que vai ser enviado.

Você deve reunir-se com o calígrafo para escolher o tipo de letra. Ela pode ser cursiva inglesa, itálica, ronde francesa, gótica, "diáfana" (transparente), entre outras. As cores utilizadas chegam até a cor prata ou dourada.

O lacre e a plastificação do convite complementam todo o serviço.

DECORADORES E AMBIENTADORES DE FESTAS OU EVENTOS

"Até o dono chegar, o dono da festa sou eu."
Antonio Neves da Rocha

Grandes eventos ou megafestas em lugares vazios, inclusive em espaços destinados a esse fim, têm uma impessoalidade que se transforma pela arte de um bom decorador de festas. Ele cria cenários de infinitas possibilidades e constrói um mundo exclusivo para a sua festa.

Após contratar o profissional mais conveniente, compartilhe com ele suas escolhas para os próximos itens. É fundamental que, a partir de agora, as idéias caminhem juntas.

Se você se dispõe a investir em decoração, poderá produzir uma festa espetacular, mesmo em casa.

Leia atentamente as características dos profissionais indicados pelo **Guia de fornecedores e serviços**, p.112. Receba alguns no local do evento para trocar idéias. Esses encontros são sempre enriquecedores.

Em decoração, menos é mais. O excesso de flores ou objetos e móveis pode pesar o ambiente e prejudicar o clima da festa.

- **Num espaço grande** é possível criar um jardim francês e preenchê-lo com aromas florais.
- **Essências de frutas e flores** serão sempre bem-vindas, se distribuídas com critério e em momentos e lugares que não se misturem com os aromas da comida.
- **Se o que você deseja é muita intensidade**, introduza nos ambientes cores vibrantes.
- **Cores unificam tudo**. Portanto, não tenha medo de misturar estamparias variadas, jogos de louças diferentes e outros itens que não são do mesmo conjunto. Se todos possuírem cores e tonalidades semelhantes às escolhidas para a festa, o resultado é sempre muito bonito.

- **Para deixar o clima mais íntimo**, dispense a luz ambiente e decore os espaços com "objetos que iluminem", ou seja, criações exclusivas para velas e essências, em copos de vidro, cerâmicas, bambus, que podem ser facilmente manipuladas na decoração de eventos noturnos.
- **Uma cerimônia oficial** pede cadeiras confortáveis e iluminação mais difusa para combater o cansaço nessa ocasião.
- **Encontros políticos** pedem bons sofás e poltronas em ambientes íntimos.
- **Na dúvida quanto à decoração**, deixe-se levar pelo branco e prata. Alugue baixelas e *réchauds* de prata. Forre seus sofás e cadeiras com capas brancas. Componha a mesa com copos de cristal, sousplats de prata, toalhas e guardanapos brancos. Decore as mesas e a mesa-bufê com lírios brancos e "chuva de prata". Alugue candelabros e castiçais de prata e acenda velas brancas durante o jantar.

Ambientação da festa

Se a festa acontecer em sua própria casa, objetos podem ser aproveitados, se forem arrumados com criatividade e charme. O **ambientador de festas** organiza sua residência para receber pessoas, aproveitando a decoração, remanejando objetos e apresentando verdadeiros milagres decorativos. Porém, cuidados são necessários para que nada quebre e para que tudo possa voltar ao seu lugar depois do grande dia.

Não perca o clima íntimo da sua casa. Deixe sobre as mesas e prateleiras os objetos mais essenciais, preferencialmente com porte maior, para que não haja o perigo de quebrarem durante a festa.

As festas também podem ser ambientadas em:

Jardins ou gramados

Acenda algumas velas de citronela para afastar os mosquitos.

Ao redor de uma piscina

Esses eventos requerem atenção especial: velas flutuantes embelezam a festa e sinalizam para os convidados os limites da circulação do ambiente. A piscina pode ser um lindo ponto da decoração da festa. Porém, caso haja crianças na lista dos convidados, o melhor é cercar ou cobrir a piscina para evitar qualquer acidente.

Iluminação

Qualquer objeto se transforma se modificarmos a luz que o ilumina. Portanto, a decoração de um ambiente pode ser determinada apenas pela iluminação.

Podemos ampliar ou diminuir ambientes de qualquer tamanho com um planejamento adequado de iluminação.

Pense apenas que, com uma simples mudança das sombras ou tonalidades das luzes, você modifica inteiramente o clima da festa. Ver **Guia de fornecedores e serviços**, p.152.

- **Luzes coloridas**, se escolhidas com critério, dão mais personalidade aos quatro cantos da festa.
- **Música ao vivo**, shows, pistas de dança são espaços reservados para uma iluminação mais intensa, colorida e, muitas vezes, cheia de movimento.

Toldos, tendas e coberturas

Ao se fazer uma festa sob uma cobertura ou tenda, cria-se um ambiente inteiramente novo, isolado de uma construção que forneça qualquer infra-estrutura.

Nesses casos, o orçamento a ser levantado não se restringe ao custo da cobertura ou tenda, mas a diversos itens que devem ser prioritariamente calculados: piso, iluminação, aluguel de mesas, cadeiras, louças, sistema de refrigeração do ambiente, um sistema gerador de energia elétrica, entre outros.

Instale o toldo da festa a uma altura mínima de quatro metros. O ar circula com mais facilidade, mantendo o calor no alto e o frio na parte baixa da construção.

- **Faça o levantamento do número** de extintores de incêndio disponível no local. Avalie a possibilidade de alugar quantidade suficiente deles para a sua tranqüilidade no dia do evento.
- **Ao contratar o serviço de geração de energia**, dobre a necessidade da amperagem indicada pelo responsável da instalação elétrica. Os decoradores inventam detalhes até o último momento. Banqueteiros muitas vezes deixam de informar com exatidão o número de fornos elétricos. O número de convidados aumenta depois de contratada a infra-estrutura. Melhor precaver-se.

• **Nunca se esqueça de checar** o serviço meteorológico e informe-se também a respeito da ocorrência de ventanias freqüentes ou chuvas fortes no local do evento.
• **Uma ligação coberta** entre a cozinha e o local escolhido deve ser construída para que a chuva não comprometa a qualidade dos serviços. Essa precaução também faz com que as comidas e os canapés cheguem sempre quentes aos convidados.

Flores e plantas

É possível focar a decoração da festa apenas em flores e folhagens. Chame um talentoso arranjador de flores para encher a festa de cores. Idéias maravilhosas brotam das cabeças desses profissionais. Faça os orçamentos e verifique quantas coisas extraordinárias estão ao seu alcance.

A arrumação de um vaso de flores, ou a confecção de um arranjo não são tarefas simples, que qualquer pessoa pode realizar. Para se chegar a um resultado encantador, precisamos de um talento especial, de alguém que tenha realmente o dom da ornamentação.

O florista ou o decorador vai dar o toque natural na arrumação da sua festa, incluindo com muita graça e leveza desde plantas tropicais, resistentes e com tamanho considerável até arranjos de flores coloridas, porém mais delicadas e de menor durabilidade.

O Brasil oferece inúmeras alternativas de plantas naturais, tropicais e de clima semi-temperado que podem ser o centro de uma decoração. Palmeiras, por exemplo, apresentam os mais variados portes. São um recurso elegante para a decoração de um ambiente maior. Bananeiras também são muito procuradas. Plantadas, normalmente, em tinas, são consideradas ornamentações modernas.

• **Se você quer decorar** o ambiente da sua festa sem a ajuda de um profissional, recorra às plantas de vaso, mais duráveis por estarem em contato com a terra. O efeito é muito bom em pequenos ambientes e há inúmeras ofertas, como o amor-perfeito, o crisântemo, a begônia e a orquídea.
• **Recomendamos que os arranjos florais** sejam confeccionados no dia da cerimônia ou evento. Essa é a única garantia das flores estarem 100% lindas.
• **Para manter-se o frescor** dos arranjos em vaso, deve-se colocar um comprimido de aspirina na água. O resultado permanece excelente por 24 horas.
• **O arranjo de flores** ou o enfeite central da mesa não devem jamais atrapalhar a visão dos convidados sentados.

Móveis diversos

Hoje em dia, pode-se alugar qualquer tipo de móvel ou objeto decorativo para compor o ambiente da sua festa.

Se for na sua casa, muitos objetos e móveis não devem ficar expostos ao reboliço dos convidados e às possíveis surpresas desagradáveis como líquidos derramados.

Com a orientação do decorador, você pode substituir facilmente seu sofá preferido ou a estatueta que você recebeu do seu melhor amigo por móveis e objetos alugados.

Consulte o **Guia de fornecedores e serviços**, p.172, e informe-se sobre as várias possibilidades de aluguel de sofás, lustres, tapetes, mesas, cadeiras, candelabros, cristais, porcelanas, quadros e tudo aquilo que for necessário para compor o ambiente.

ALUGUEL DE ACESSÓRIOS E UTENSÍLIOS

Depois de definido o número de convidados, contratado o bufê, escolhido o cardápio e o tipo de serviço, o banqueteiro ou chef de cozinha vai apresentar uma lista dos acessórios e utensílios e as quantidades que ele deve utilizar para a realização do seu banquete.

Se você possui quantidade suficiente desses acessórios e utensílios para realizar o evento, comece a selecioná-los, limpá-los atentamente, inclusive os utensílios em prata ou de outro material. Lembre-se de que, depois da festa, uma nova limpeza, contagem e armazenamento devem ser programados.

Porém, cada vez mais, as pessoas estão preferindo não expor suas louças e cristais aos riscos do manuseio em circunstâncias como festas, jantares em pé ou sentados.

Alugar esses materiais é a saída mais confortável para quem pretende aproveitar a própria festa e estar despreocupado quanto às possíveis perdas e danos do material, quase sempre inevitáveis.

- **São diversas as possibilidades** de combinação das baixelas (conjuntos de travessas), réchauds, bandejas, louças, talheres, copos, toalhas e guardanapos que vão compor as mesas e o serviço do bufê.
- **A Festa é Nossa**, com dez anos de experiência, foi a pioneira na prestação desse serviço. Cada vez mais em dia com as novidades e demandas do

mercado, ela possui o maior e melhor acervo de louças, prataria, copos e cristais, baixelas, réchauds, sousplats etc.
• **Lembre-se que a pontualidade** na entrega e a higienização de todos esses utensílios são os pontos fundamentais na escolha da empresa com a qual você vai trabalhar.
• **A Festa é Nossa** entrega todo seu material perfeitamente higienizado, embalado de maneira apropriada e pronto para o uso. As peças utilizadas não precisam ser lavadas para serem devolvidas. O seu trabalho é aproveitar sua comemoração.
• **Uma logística incomparável** é um dos diferenciais que fazem de A Festa é Nossa a principal referência na prestação deste serviço no mercado carioca de festas e eventos.
• **A Festa é Nossa** também mantém parcerias com as melhores firmas de aluguel de mesas, cadeiras, toldos, objetos decorativos, velas, arranjos florais, plantas em vasos etc. Dessa forma, tudo pode ser escolhido num só endereço. Visite o site www.afestaenossa.com.br ou consulte as orçamentistas.

Louças, copos e talheres

Esses três utensílios fundamentais em qualquer refeição são o ponto de partida para a composição da sua mesa, de acordo com os parâmetros determinados para a sua comemoração. Consulte o **Guia de fornecedores e serviços**, p.167.

• **Tente combinar as louças**, copos e talheres com o clima da iluminação, arranjos florais e as toalhas de mesa e guardanapos. Muitas vezes as opções mais discretas podem ressaltar detalhes importantes da decoração.
• **Não se esqueça de verificar** se a louça escolhida combina com os eventuais coloridos e detalhes das toalhas de mesa.
• **Na hora de alugar** tenha em mente que pratos de uma porcelana de melhor qualidade quebram menos do que os de qualidade inferior.
• **Em jantares formais**, talheres de prata e pratos de boa porcelana são indispensáveis na composição da mesa.
• **A escolha das louças**, copos e talheres de uma festa temática deve ser diretamente ligada ao tema. Porcelanas chinesas, copos de cristal, talheres de junco e *pwilter*, todas as opções agregam personalidade ao tema escolhido.

- **Em festas médias e grandes** (mais de 200 pessoas) opte preferencialmente por copos de vidro.
- **Copos de meio-cristal** são uma opção mais em conta para quem está organizando uma festa formal, mas com muitos convidados.
- **Nas comemorações** em torno de bebidas alcoólicas ou onde os convidados são bons apreciadores de vinhos, devem sempre ser utilizados copos de cristal.

Sousplats

Os sousplats são pratos maiores colocados sob o prato principal para compor melhor a mesa posta. Além de marcar os lugares, eles mantêm elegantemente a ordem à mesa. Essa moda européia voltou ao Brasil há dez anos.

Há várias opções para combinar com a decoração da sua festa: sousplats em prata, vime, madeira colorida, metal dourado, de vidro, *piwlter*, junco. Ver **Guia de fornecedores e serviços**, p.169.

Baixelas, bandejas e réchauds

Baixela é o nome que se dá ao conjunto de utensílios que serve uma mesa como, por exemplo, as travessas e as molheiras.

As bandejas podem ter detalhes em relevos, bordas de prata etc. Devem ser enfeitadas com finíssimos panos próprios para elas. Os mais elegantes são os de linho com bainha aberta.

Os *réchauds* são utilizados para manter a comida quente durante todo o serviço do bufê. Podem ser de fogo direto, de banho-maria ou elétricos. Os dois primeiros modelos são encontrados em prata, inox e *piwlter*.

Sopas ou cremes, por exemplo, são pratos que aceitam o réchaud de fogo direto. Para comidas que não podem ressecar, como risotos e algumas massas, aconselha-se os de banho-maria. Ver **Guia de fornecedores e serviços**, p.167.

Toalhas de mesa e guardanapos

Toalhas de mesa e guardanapos são a base do colorido da decoração da festa. Eles podem possuir uma estampa, seguir os padrões temáticos do evento ou, simplesmente, manter a cor branca, neutra, para ressaltar o tom dos arranjos florais ou o da louça escolhida.

Mesas bem postas podem tornar-se o ponto alto do evento. As toalhas, quando bem escolhidas, dão o acabamento especial a toda a arrumação. Elas se diferenciam pela qualidade do seu tecido e por detalhes como bordado, renda, fitas e transparências. Ver **Guia de fornecedores e serviços**, p.168.

As mais clássicas, que atendem ao gosto da maioria das pessoas, são as de linho branco ou em cores claras como o cru e o amarelo.

É muito freqüente utilizar-se da sobre-toalha na decoração das mesas do banquete. Elas podem ter cores *composés* e formatos diferentes das toalhas de baixo. São dispostas de maneira assimétrica para dar efeito ao conjunto.

Guardanapos de pano são muito agradáveis e elegantes em qualquer festa ou evento formal. Os de papel, além de muito práticos e higiênicos, podem ser decorativos e temáticos, como, por exemplo, os natalinos.

- **Manuseie o mínimo** as toalhas de mesa. Se elas estiverem mal passadas, não adianta alisar com as mãos, o que as amassa mais ainda. Tenha a mão um ferro de passar roupa, para retoques finais.
- **Forre as mesas com um moleton**, preso com elásticos ou tachinhas. A toalha da mesa fica com um caimento mais bonito, não escorrega, filtra eventuais líquidos entornados e reduz o ruído na colocação dos utensílios.

Leonardo da Vinci foi o inventor do guardanapo. Como se não bastasse a invenção, o artista sugere mais de 80 maneiras de dobrá-lo.

INFRA-ESTRUTURA

A infra-estrutura passa desapercebida para a maioria dos convidados, pois é o bastidor da grande festa.

Devemos salientar que, dependendo do tamanho da comemoração, não é possível criar uma estrutura eficiente sem o cerimonialista ou a firma de eventos. Alguém deve ser responsável por todos os movimentos e serviços prestados durante a festa para que nada saia errado. Não é possível que o anfitrião, que deve dar atenção aos seus convidados, seja também o responsável por todo o resto.

Vamos definir e esclarecer as funções de alguns dos elementos essenciais da infra-estrutura de um grande evento ou festa. Conhecer a natureza dos componentes dessa máquina ajuda na contratação e na administração do responsável pela coordenação e funcionamento dos mesmos.

Daremos elementos para que você atue na produção da festa. Mas, sem dúvida, recomendamos a contratação de um cerimonialista ou firma de eventos para coordenar o trabalho de preparação e execução. Deixe essa tarefa para um bom profissional e faça o papel de melhor anfitrião do mundo.

Climatização

Como não estamos na Europa ou em lugares onde o inverno é rigoroso, vamos tratar, exclusivamente, da climatização de ambientes com condicionadores de ar frio.

Há casos no Brasil, como em festa ocorrida em Porto Alegre, onde a produção instalou, em tendas ao ar livre, condicionadores de ar quente. Mas esse exemplo é a nossa exceção.

Estamos falando, em sua maioria, de ambientes quentes, onde as temperaturas ficam ainda mais altas por conta da aglomeração de pessoas, de dias radiantes de sol ou de dias chuvosos, quando a umidade ultrapassa o que podemos chamar do limite civilizado.

No Rio de Janeiro, é quase impossível fazer uma festa sem ar condicionado.

As firmas de climatização de ambientes são formadas por profissionais gabaritados para esse tipo de instalação, como engenheiros mecânicos, por exemplo.

Esse serviço deve ser planejado e acompanhado de perto pelo cerimonialista ou decorador e supervisionado por você.

- **Um bom planejamento** define os tamanhos dos condicionadores de ar e a necessidade de energia elétrica para garantir a temperatura mínima que o evento necessita. O clima deve ser agradável para se estar, comer e beber.
- **Em grandes eventos**, algumas empresas de ar condicionado costumam utilizar seus próprios geradores, não obrigando o dono da festa a contratar geradores de energia extra.
- **Estabeleça com antecedência** as diversas temperaturas dos ambientes da festa ou evento.
- **Cuidado com o local** onde o jantar será servido. Temperaturas mais baixas podem esfriar a comida do bufê antes do serviço começar. Os réchauds do banquete nunca são suficientes quando a temperatura está muito baixa.

Geradores de energia elétrica

Ver **Guia de fornecedores e serviços**, p.99. A geração de energia elétrica depende de um estudo prévio do total de amperagem necessária para, principalmente:

A climatização dos ambientes

Conforme descrito acima, esse serviço não pode apresentar falhas. Muitos locais têm estrutura própria para condicionar o ar frio. Outros vão depender das possibilidades de instalação de equipamentos específicos para o dia da festa. Dependendo do tamanho do local, a climatização pode consumir uma quantidade considerável de energia elétrica.

A iluminação da festa

Por ser um dos pontos altos da decoração e do clima do evento, a iluminação precisa de um projeto de consumo de energia, principalmente se incluirmos pistas de dança ou palcos para shows.

O bufê

Muitas vezes é o vilão da festa. A amperagem necessária para os fornos elétricos (turbos), freezers e fogões, se não contabilizados com antecedência, podem roubar energia elétrica de todo o evento.

Banheiros químicos

Esses banheiros extras são instalados em ambientes externos, grandes *lounges* ou em um megaevento. Essas estruturas possuem seu próprio sistema de esgoto e iluminação. São normalmente instaladas em jardins ou onde o decorador ou cerimonialista indicar. Ver **Guia de fornecedores e serviços**, p.99.

- **Cuidado para não instalar** banheiros próximos do lugar onde vai ser servido o banquete, da entrada da festa ou de algum ambiente central do evento.
- **O parâmetro inicial** para calcularmos a quantidade de sanitários necessários em um evento é o de 1 para cada 30 mulheres e 1 para cada 60 homens.
- **Casas de festas ou outros locais** com infra-estrutura para eventos dispõem, normalmente, de banheiros suficientes para servir a todos os convidados.

Containers

Estruturas independentes, adaptadas para as mais diferentes funções, os containers garantem conforto e economia de espaço na disposição das instalações de infra-estrutura.

Firmas de segurança montam seus containers para alojar funcionários e equipamentos, de maneira organizada e discreta.

Banqueteiros necessitam de uma grande estrutura para seus acessórios e utensílios. Verdadeiras cozinhas e espaços funcionais são montados em containers. Seu *staff* também é muito grande. Cozinheiros e assistentes devem estar bem alojados para trabalhar com conforto.

A equipe do serviço de bufê também precisa de espaço para circulação e para alocar uniformes, toalhas, guardanapos etc.

Produtores de shows ao ar livre se utilizam dessa estrutura para a montagem dos camarins dos artistas e como suporte para as diversas equipes responsáveis pelo evento.

Outra opção de estrutura independente para um evento de médio a grande porte é o caminhão frigorífico. Normalmente alugado por chefs de cozinha, garante a conservação dos alimentos e o perfeito condicionamento do gelo durante a noite toda.

PROFISSIONAIS DE INFRA-ESTRUTURA

Contingente indispensável para a garantia do conforto dos convidados, os profissionais de infra-estrutura, como recepcionistas, garçons, manobristas, são o segredo do sucesso de qualquer recepção. Eles são treinados para oferecer um serviço cada dia mais sofisticado.

Em festas temáticas, conseguem criar grande parte do clima da festa, atuando como verdadeiro elenco de uma peça ou show.

Muita atenção na definição da quantidade de contratados para cada função. Um grande número de funcionários não é garantia na prestação de bons serviços. Contrate na medida certa, sem excessos.

Recepcionistas

Esse *staff* pode desempenhar diversas funções em um evento. No entanto, os recepcionistas devem sempre ser orientados e dirigidos pelo cerimonialista.

Os recepcionistas checam os nomes dos recém-chegados na lista de convidados.

Funcionários atenciosos se oferecem para guardar casacos, guarda-chuvas e capas.

Em aniversários, por exemplo, uma pessoa contratada recebe os presentes, colocando os nomes dos convidados, para que o anfitrião possa agradecer posteriormente.

Recepcionistas estão prontos para socorrer convidados que necessitem de agulha e linha em eventuais surpresas.

Numa situação de mal-estar, uma recepcionista pode fornecer medicação sintomática a um convidado.

Num jantar sentado, recepcionistas indicam os lugares marcados à mesa.

Recepcionistas ficam à disposição dos convidados para qualquer informação, como a localização do anfitrião, da pista de dança ou dos banheiros.

Garçons, maîtres e copeiras

Os garçons têm a função básica de servir bebidas e comidas.

Em festas sem copeiras, eles recolhem também as louças usadas, os copos vazios, cinzeiros cheios e guardanapos que caíram no chão.

- **O número de garçons** a ser contratado vai depender do tipo de serviço de bufê escolhido para o evento. Se a refeição for servida à francesa, em mesa para 10 convidados, é necessário um para cada mesa. Em serviços luxuosos, um garçom serve seis convidados. Se a refeição for servida à inglesa, é necessário um garçom para até 20 convidados.
- **Os cumins são os assistentes dos garçons.** Eles ajudam a servir, atendem aos chamados dos convidados e recolhem todo o serviço de mesa.
- **Garçons também servem** os convidados na mesa-bufê, solução ideal para evitar os pequenos acidentes. Se todos estiverem ocupados, as copeiras podem desempenhar essa função.

Uniformes dos garçons

Eventos formais noturnos:
calça preta, paletó preto, camisa branca e gravata borboleta preta.
Eventos formais diurnos:
calça preta, paletó branco, camisa branca e gravata borboleta preta.
Eventos informais noturnos:
calça preta, camisa preta, avental preto e gravata preta ou em tons escuros.
Eventos informais diurnos:
dolme (túnica fechada indiana) branco com botões dourados ou na cor cáqui. A calça pode ser sempre preta ou na mesma cor da túnica.

Os maîtres coordenam todo o movimento do serviço do bufê, desde a quantidade de coquetéis disposta em cada bandeja, até a troca da comida servida nas travessas.

Esse profissional supervisiona a qualidade do serviço dos garçons e está sempre atento às necessidades dos convidados para que nenhum fique mal servido. Para um serviço impecável, um maître deve coordenar de 10 a 15 garçons.

Os banqueteiros ou chefs de cozinha orientam os maîtres a respeito do modo como querem que o seu bufê seja servido.

Nossos números pretendem fornecer parâmetros ou proporções básicas que ajudem na organização do evento. São os banqueteiros e chefs de cozinha que sabem exatamente a quantidade de maîtres e garçons que necessitam para servir com eficiência o bufê.

As copeiras da festa são as responsáveis pela manutenção da limpeza dos ambientes onde o evento acontece. Devem ficar em setores diversos, mas têm como característica principal a polivalência. Elas podem ser organizadas de duas a duas com tarefas específicas:

Copeiras de salão
Recolhem toda a louça, copos, talheres, cinzeiros cheios, guardanapos e varrem possíveis detritos do chão, como comida, bebidas e cacos de vidro.

Copeiras de banheiro
Mantêm os banheiros limpos e abastecidos de papéis higiênicos, toalhas etc. Organizam também a sua utilização para os convidados.

Copeiras de cozinha
São contratadas, normalmente, pelos chefs de cozinha ou banqueteiros para toda a limpeza de seus utensílios e acessórios.

Manobristas, seguranças e pessoal da limpeza
A cada dia, dispomos de menos espaço para estacionar veículos, pois a quantidade de automóveis que hoje circula pelas ruas da cidade aumenta 20% a cada ano. Diante dessa realidade, fica difícil não contratar o serviço de manobristas para o seu evento, comodidade que está sendo muito requisitada, inclusive para atender a pequenas festas.

Firmas de seguranças oferecem serviços especializados e atendem com profissionalismo e eficiência.

Firmas de limpeza são o suporte fundamental para a sua tranqüilidade antes, durante e depois do evento. Consulte os diversos pacotes oferecidos por essas empresas e certifique-se de que o número de funcionários proposto vai ser o suficiente para o tamanho da festa.

- **Trabalha-se com um mínimo** de dois funcionários, sendo que esse número é o ideal para cada 20 veículos. Três funcionários manobram 40 carros e quatro manobram 60.
- **Esse conforto é sempre muito bem-vindo**. É desagradável ter que encontrar um lugar para estacionar, muitas vezes longe do local da festa.
- **As grandes firmas** de manobristas trabalham em parceria com seguradoras de veículos. Esses serviços atendem principalmente às festas ou eventos onde os convidados possuem um alto poder aquisitivo.
- **Atenção quanto aos trajes** utilizados pelos seguranças. Em megaeventos, cada detalhe deve chamar atenção e diferenciar o segurança dos demais funcionários.
- **Já em festas mais cerimoniosas**, o segurança deve estar de terno e se misturar aos convidados com uma presença discreta.

Paramédicos e ambulâncias
Serviço indispensável nos megaeventos, está sendo cada vez mais requisitado em ocasiões de outras naturezas.

Grandes shows ou circos com público infantil são obrigados a fornecer esse atendimento. É também um recurso muito comum em festas para jovens ou naquelas onde há previsão de grande consumo de bebidas alcoólicas.

Os paramédicos estão prontos para prestar os primeiros socorros a acidentados, alcoolizados, a vítimas de choques etc. Ver **Guia de fornecedores e serviços**, p.180.

CUIDADOS PARA O DIA SEGUINTE

Reunimos algumas dicas que podem ser muito úteis para a desmontagem da sua festa ou evento.

- **Se a sua festa for em casa**, peça ao banqueteiro escolhido que deixe para o dia seguinte algumas das guloseimas servidas no evento. O anfitrião normalmente é o que tem menos tempo de apreciar a comida.
- **A desmontagem de um cenário** de cobertura ou tenda deve começar imediatamente após o término da festa. Com isso, você garante uma pronta recuperação do gramado ou jardim.
- **Um responsável deve conferir talheres**, travessas, louças, copos e outros utensílios, estimar eventuais perdas, separar os alugados e encaixotá-los.
- **Providencie a conferência** do número de toalhas e guardanapos antes de enviá-los à lavanderia ou devolvê-los à locadora. Verifique se algo foi danificado.
- **Faça o levantamento do aproveitamento** das bebidas e alimentos utilizáveis nos dias seguintes. Bebidas consignadas devem ser separadas.
- **Alguém deve ser responsável** pelo apagar das luzes e desligar das máquinas.

Depois de tudo devidamente escolhido, calculado e contratado, você pode fechar o orçamento principal. Não se esqueça que no final do livro você vai encontrar os endereços de todos os serviços descritos nesses capítulos.

CASAMENTO

VAMOS NOS CASAR?	49
QUANDO?	49
COMO?	49
ONDE?	52
CONVITES E CALÍGRAFOS	52
QUAL O ESTILO DO SEU CASAMENTO?	53
A DECORAÇÃO DA FESTA	54
FLORES E AMBIENTAÇÃO	56
O BUFÊ ESCOLHIDO PARA FESTA	56
O REGISTRO DO CASAMENTO	58
CRONOGRAMA PARA ORGANIZAÇÃO DO CASAMENTO	59

"Eu descobri que não importam as limitações financeiras que você possua. A grandiosidade da sua festa está na atenção aos pequenos detalhes."
David Tutera

Não vamos conseguir abordar todos os temas que compõem o planejamento completo de um casamento. O assunto merece um livro à parte.
　　Nossa pretensão é dar idéias que ajudem você a montar seu casamento sem esquecer detalhes importantes, evitando os atropelos de última hora. Aconselha-se planejar e começar a organização do casamento com um ano de antecedência. Há quem faça em menos tempo.

VAMOS NOS CASAR?

Se a resposta for sim, o planejamento e a organização desse evento devem começar com a maior antecedência possível.

Antes de qualquer coisa, tenha sempre em mente as quatro diretrizes mais importantes que vão norteá-lo ao longo desse caminho:
• A elegância dos convites.
• O estilo da decoração.
• A delicadeza do cardápio escolhido.
• A atmosfera e a energia transmitidas pelos entretenimentos escolhidos.

QUANDO?

A data do casamento deve ser marcada com seis meses a um ano de antecedência.

O mês da sua escolha pode não ser o mais indicado para a cerimônia. Pense em todos os detalhes que dependem da ocasião escolhida, a estação do ano, o dia da semana, os possíveis feriados, enfim, a data que vai ser marcada.

Casamentos em dezembro não são aconselháveis. Com as comemorações de final de ano, você terá dificuldade em encontrar o melhor lugar para a festa, disputar a atenção dos banqueteiros e dividir com outros compromissos a disponibilidade dos convidados.

COMO?

A cerimônia de casamento pode ser religiosa ou civil. A cerimônia religiosa pode ser em uma igreja, sinagoga ou apenas uma benção no local da festa. Já a cerimônia civil pode se realizar no cartório ou no local predeterminado para a festa, sempre antes do seu início.

O Juiz de Paz não realiza o ato do casamento se estiver sendo servida qualquer bebida alcoólica. Este é um costume legal.

Festa
Comemoração em família – festas sem cerimônias religiosas, onde os noivos formalizam a sua união para a família e amigos.
Festa em outro local – Após a cerimônia, os noivos e os convidados se dirigem ao local anteriormente escolhido e preparado para a festa de comemoração do casamento.
Festa no local da cerimônia – acontece em igrejas e sinagogas que possuem salas reservadas para pequenas comemorações. É oferecido, basicamente, bolo com champanhe.

Há convites só para a cerimônia. Outros para a cerimônia e a festa. Cabe ao convidado que irá a festa não cumprimentar os noivos na igreja, deixando o momento para aqueles que não vão à festa. Assim, a fila de cumprimentos na igreja não fica muito longa e a chegada dos noivos à recepção não é demorada.

Cerimônias religiosas
Esses são alguns tipos de cerimônias religiosas.

Católica
Um dos sete sacramentos da Igreja católica, o ritual do casamento começa com a apresentação dos documentos exigidos pela Cúria Diocesana. A cerimônia consiste em três etapas: a entrada do cortejo, a liturgia e a saída dos participantes. Esse ritual permite grande liberdade de adaptação de seu conteúdo. Os convidados, padrinhos, madrinhas, os pais dos noivos e o sacerdote representam a própria Igreja. Quando todos entram, a igreja está pronta para receber a noiva. Por isso suas portas são momentaneamente fechadas e a noiva aguarda com seu pai para a grande entrada, ao som da marcha nupcial. Rituais mais tradicionais colocam os convidados do noivo nos bancos à direita e os da noiva à esquerda. Os pajens e damas de honra trazem as alianças, símbolo da nova e vitalícia união, além do buquê da noiva, entregue a ela ao final da cerimônia.

  O noivo, que entrou com a mãe, beija-a como despedida, assim como o pai da noiva faz o mesmo antes de entregá-la ao futuro marido. O novo casal ouve conselhos do sacerdote e promete fidelidade, dedicação e compromisso vitalício. As alianças são trocadas entre os dois que, após receberem a bênção matrimonial, selam seu compromisso com um beijo. A saída do cortejo se dá ao inverso, trazendo damas, pajens e os recém-casados na frente de todos os outros participantes.

Logo antes da chegada da noiva, as portas da igreja se fecham. O cerimonialista, do lado de fora, arruma o véu, o vestido, o buquê, as damas e os pajens, assim como a flor da lapela do pai ou acompanhante. Tudo está pronto para o grande momento da entrada da noiva.

Judaica
Pode ser realizada em casa, sob um toldo que simboliza a futura casa dos noivos, na presença de um rabino. O ritual se inicia quando o casal assina a Ketubá, documento que descreve os direitos e obrigações mais essenciais para uma convivência harmoniosa entre marido e mulher. O casamento é dividido em duas partes: o noivado (*erussin*) e o casamento (*nissuim*). As alianças são colocadas no dedo indicador da mão direita. O vinho simboliza abundância e felicidade e a bebida é servida para o rabino, o noivo e a noiva. Depois da bênção (os noivos são abençoados sete vezes) o noivo quebra o copo e todos exclamam "*Mazal Tov!*", o que significa "boa sorte!".

Ortodoxa
É realizada na Igreja ortodoxa e sua estrutura em muito se assemelha à da cerimônia católica. No entanto, é o padre quem coloca as alianças nos dedos dos noivos, o que simboliza que é a Igreja quem os casa. As alianças já estão no altar na entrada da noiva, assim como as coroas que vão ser colocadas pelo sacerdote nas cabeças dos noivos. Estas podem ser confeccionadas em tecidos e flores ou em metal. A coroação é realizada três vezes e três vezes os noivos bebem o vinho do cálice do altar, simbolizando, assim, a Santíssima Trindade. Três voltas no sentido anti-horário são dadas pelos noivos no altar para se encerrar a cerimônia.

Hindu
Cerimônia que, no passado, durava de dois a três dias, guarda até hoje um simbolismo sagrado que encanta a todos os que têm a oportunidade de participar dessa comemoração. As noivas hindus se vestem e se enfeitam com muitas cores fortes, como o vermelho, o rosa e o amarelo, as cores da felicidade. As pinturas extremamente delicadas, feitas com henna, enfeitam e refrescam as mãos das noivas em dias mais quentes. Os noivos fazem promessas diante do fogo e trocam guirlandas de flores. Ao final, o marido marca o couro cabeludo da mulher com uma tinta vermelha. As mulheres mais tradicionais ou fiéis refazem essa marca todos os dias.

Budista

Um vaso e um candelabro vazios estão dispostos no altar a espera da flor que a noiva traz e da vela acesa, ofertada pelo noivo. Eles são seguidos por um único casal de padrinhos que serão seus conselheiros ao longo da vida. A água da sabedoria divina é aspergida pelo monge sobre as cabeças dos noivos, além de incensar o *juzu*, o rosário budista. Saquê, servido em três pequenas xícaras é ofertado aos noivos que devem beber de cada uma delas. Essa é a representação das três jóias da vida: Buda (o desperto), Dharma (caminho da compreensão e do amor) e Sangha (comunidade consciente e harmônica). Os votos budistas são lidos pelos noivos no final da cerimônia.

ONDE?

Há uma infinidade de opções para a realização da sua festa de casamento, entre elas hotéis, casas de festas com serviço de bufê incluído ou não, mansões imponentes ou museus, parques e jardins. Ver **Guia de fornecedores e serviços**, p.155.

É importante certificar-se se as instalações para o serviço de bufê e de manobristas são satisfatórias. Um hotel supre essas necessidades e seus funcionários são experientes, o que já ajuda muito.

As casas de festas oferecem ambientes perfeitos para que um bom decorador construa um cenário incomum para a sua recepção.

Porém, se houver espaço, um toldo na casa dos pais é muito vantajoso, principalmente se um dos noivos cresceu ali. A recepção, familiar por excelência, encontra um ambiente ideal para sua realização.

CONVITES E CALÍGRAFOS

O dia do seu casamento é feito para você. Defina o seu perfil e comece a mostrar o seu estilo no convite da grande festa. Imprima a sua personalidade de maneira marcante. Descubra os diversos recursos gráficos que individualizam a sua festa. Ver **Guia de fornecedores e serviços**, p.107.

Convites românticos

Pequenos detalhes, como uma borda florida ou a escolha de uma estampa especial, inspiram um clima bem romântico, além dos tons suaves e cores pastéis. Esses tipos de convite são mais indicados em casamentos no campo ou diurnos.

Convites clássicos
Nunca saem de moda. De formato normalmente retangular, podem variar de tamanho, mas se apresentam nas cores branca ou creme. As letras têm estilo caligrafado e os papéis possuem gramaturas altas. São ideais para casamentos formais noturnos, com muitos convidados.

Convites alternativos
Confeccionados com os mais diferentes materiais, causam sempre sensação pela sua originalidade. Podem ser feitos com cascas de coco, de cebola ou de ervilha, palha, pano ou com papéis artesanais. Permitem ainda acabamentos singulares com pedras amarradas em ráfia ou couro.

Convites modernos
Tudo é permitido e o resultado da mistura dos inúmeros ingredientes disponíveis vai depender unicamente do seu bom gosto. O estilo pode ser sofisticado, descontraído, ousado ou badalado-chique. O convidado já vai sentir o espírito da sua festa ao recebê-lo.

Há, ainda, calígrafos especializados em pequenos desenhos, paisagens ou caricaturas, que podem dar um toque mais original e pessoal ao seu convite.

QUAL O ESTILO DO SEU CASAMENTO?

Não se preocupe se o seu orçamento não for alto para a produção do casamento. O que vai determinar o sucesso da sua festa é o estilo escolhido para o grande dia, de acordo com o que você sempre sonhou como comemoração.

Festas podem ser intimistas ou grandiosas. O importante é sempre pensar que tudo deve ser lindo e autêntico, lembrando você em cada detalhe, esbanjando alegria e prosperidade.

Casamentos podem ser formais, luxuosos, informais, simples, criativos, tradicionais, inovadores ou modernos. Converse com o cerimonialista para avaliar as possibilidades de realização do evento em cada um dos estilos, relacionando custos, para poder adequar o seu prazer às ofertas que o mercado pode oferecer.

Casamentos formais ou tradicionais
Não são necessariamente dispendiosos. Esse estilo segue com maior rigor a etiqueta e as regras sociais pré-estabelecidas e convencionadas para a oficialização da união dos noivos. Você pode realizar seu casamento obedecendo todas as convenções, mas de maneira simples, sóbria e sem gastar muito para isso.

Casamentos luxuosos
O nome já prenuncia o alto custo da realização do evento. São muitas as possibilidades de transformar o casamento numa comemoração cheia de detalhes memoráveis, desde a escolha do local da cerimônia, do espaço para festa, do número de convidados, até a confecção dos convites, do vestido da noiva, o requinte do bolo e os souvenirs distribuídos. Você encontrará sempre profissionais preparados para concretizar cada fantasia que sonhar.

Casamentos criativos
Incluem elementos temáticos capazes de descontrair a festa, criando ambientes mais informais e divertidos para os noivos, parentes e convidados. Criar não significa ter a obrigação de gastar. Esse estilo permite descobrir caminhos mais baratos para elaborar sua festa. Se esse for o seu perfil, não hesite em planejar a festa dessa forma e comemorar seu casamento com muita vibração.

Casamentos modernos ou informais
Atendem a quem, normalmente, gosta de fazer coisas diferentes, quebrar regras sociais e surpreender pelo inusitado. Casamentos modernos trazem o toque elegante do estilo, apresentando decoração e iluminação arrojadas, uma escolha musical mais instigante e um cardápio deliciosamente diferente. O custo pode ser bem alto, dependendo do projeto que vai ser desenvolvido.

A DECORAÇÃO DA FESTA

A decoração anda de braços dados com o estilo que você criou para o seu casamento. Tudo precisa fazer sentido, de acordo com o que foi traçado no início do planejamento.

O lugar escolhido vai determinar as possibilidades de criação do decorador. Os locais são, em sua maioria, espaços vazios, próprios para festas. Outros endereços são casas charmosas, elegantes, mas cujo ambiente já sugere a decoração que será criada.

Tudo pode ser realizado: casamentos principescos, cenários asiáticos, campestres, modernos, referências a filmes, contos de fadas ou casamento *hippie* dos anos 70. O mais importante é o respeito do profissional pelo desejo do seu cliente. Certifique-se sempre da boa afinação que deve existir entre você e o decorador. Lembre-se de que a festa é sua. Nunca aceite realizar qualquer coisa sem ter a certeza de que, de fato, você aprova a idéia.

Casamentos campestres – Aproveite o ambiente natural que emoldura a sua festa. O ar bucólico amplia o horizonte de soluções simples para a decoração. Flores silvestres e margaridas dão um clima simples e elegante, assim como frutas e legumes podem compor lindos arranjos de mesa. As cores naturais devem preencher o verde do lugar e estar presentes nos copos, talheres e guardanapos. Não se esqueça que os *sousplats* são acessórios muito decorativos que dispensam toalhas de mesa. Alugue móveis rústicos para dar um lindo complemento ao conjunto da festa.

Casamentos na praia – São muito elegantes e podem ser temáticos. Estilos indiano, havaiano ou árabe combinam muito com areia, mar e roupas necessariamente claras e de tecido leve. Sirva comida típica, com garçons vestidos a caráter. Panos esvoaçantes com a brisa do mar têm um grande efeito. O altar pode ser decorado com tochas, flores e folhas tropicais como ponto alto do cenário. *Lounges* com almofadões e tapetes são ambientes deliciosos para os convidados relaxarem. Se for montada uma tenda, lembre-se de que o pé direito alto é mais elegante e fresco, permitindo a colocação de lustres e outras luminárias sem incomodar a visão dos convidados.

Casamentos em ambientes fechados – É sempre importante resgatar a essência do local, partindo para recriar um ambiente que lembre o lar, a família e muito conforto. Cerâmicas coloridas, vasos, cestas floridas e toalhas de mesa são recursos simples e pouco dispendiosos para trazer intimidade e aconchego ao casamento.

Casamentos em espaços diferentes – Antigas fábricas, galpões e depósitos podem ser grande fonte de inspiração para os decoradores e recebem grande número de convidados. Estruturas estranhas a um salão de festas, com um bom projeto de iluminação, causam um efeito maravilhoso em todo o ambiente. No entanto, é bom verificar se o espaço tem a infra-estrutura necessária para atender aos seus convidados, pois o custo sobe muito com a montagem de estruturas especiais.

- **Quando escolher os móveis** para alugar, pense que espaços amplos pedem mobiliário de grande porte, como sofás, que servem até como divisor de ambientes. Em espaços menores, o mais importante é preservar a circulação dos convidados, compondo o ambiente com móveis pequenos e mais delicados.
- **Festas na praia** nunca devem ser no verão porque é muito quente, assim como festas no campo devem ser fora da estação chuvosa.
- **Estruturas de concreto** são bonitas à noite, com uma iluminação que valorize suas diferentes texturas.

FLORES E AMBIENTAÇÃO

Você pode decorar seu casamento só com flores? Sim! Claro que infra-estrutura como cadeiras, mesas e sofás não pode faltar. Mas os móveis ocupam o segundo plano na decoração, sendo inseridos de maneira discreta para não atrapalhar o clima que as flores e a iluminação vão dar ao ambiente.

Arranjos incríveis são confeccionados com acabamentos dos mais diferentes materiais. Os trabalhos artesanais são verdadeiras obras de arte e dão ao evento muita originalidade.

A decoração floral oferece uma gama inimaginável de opções, com recursos que só um país tropical oferece, combinando sempre com o estilo que você escolheu, seja ele qual for.

Não esqueça que o buquê e a grinalda também devem combinar com as flores escolhidas para a decoração de seu casamento, é um detalhe de extremo bom gosto quando bem coordenado.

O BUFÊ ESCOLHIDO PARA A FESTA

A elaboração do cardápio a ser servido na festa deve combinar com o estilo definido para o casamento. Formalidade ou informalidade? Estilo temático, moderno ou descontraído? A comida ajuda a determinar o clima da festa e é um dos itens mais dispendiosos e notados por todos os convidados.

A definição do serviço do bufê é fundamental para preservar a qualidade da comida servida e o conforto dos convidados. Idéias cada vez mais distantes do convencional estão sendo utilizadas. Atualmente, a festa de casamento é planejada para agradar aos noivos, mais do que aos seus pais e amigos. Isso faz com que os serviços de bufê tradicionais, sempre mais dispendiosos, sejam substituídos por maneiras alternativas e práticas de se servir o banquete.

Para as novas gerações, que preferem festas com muita dança e movimento, as "comidinhas" ou coquetel volante dispensam as mesas postas. Os noivos e convidados aproveitam o tempo de duração de um jantar sentado para outros tipos de entretenimentos.

Ao contrário do que se imagina, o jantar deve ser servido mais cedo, para que o convidado não sinta fome e fique mais tempo na festa.

A montagem de "ilhas-bufê" são a última moda. Pequenas mesas são dispostas em vários pontos da festa, sempre abastecidas por pratos volantes, permitindo que o convidado faça sua refeição quando tiver vontade. Esse conforto evita o eterno problema das filas e a grande mobilização de maîtres e garçons em um único momento. As "ilhas" diluem o trabalho e permitem que o serviço do bufê tenha um melhor desempenho.

Os chefs de cozinha se preocupam cada vez mais com a apresentação dos pratos. A comida é servida em pequenas porções para que o conjunto na travessa não fique prejudicado. Confeccionar cardápios que dispensem o uso de facas também traz muito conforto. Garçons destacados para servir na mesa-bufê ajudam os convidados e evitam eventuais acidentes com molhos, caldas etc.

A eficiência do serviço do bufê garante a preservação do sabor dos pratos além de manter a temperatura ideal na hora de servi-los. Portanto, um cardápio menos sofisticado, servido com capricho e bom gosto, faz um grande sucesso.

Pense numa opção vegetariana como alternativa aos pratos do cardápio. Preocupe-se, também, em servir "comidinhas quentes" no final da festa para que os convidados voltem para casa bem alimentados. Se a festa durar até o dia seguinte, organize um café da manhã, com pães quentinhos, frios, iogurtes e ovos mexidos.

Um espaço permanente para os doces faz parte da decoração. O bolo e a apresentação dos doces, cada vez mais artística, são uma das grandes atrações do banquete. Os doces devem ser sempre repostos para que ao longo da festa a mesa esteja sempre intacta. A sua apresentação pode ser em bandejas de prata, louças brancas ou em vidro. Ver **Guia de fornecedores e serviços**, p.64.

Os noivos não podem se esquecer de encomendar bem-casados. Esses doces, feitos com duas bolachas recheadas com doce-de-leite, são o símbolo da união amorosa e próspera do novo casal. Essa delícia é embrulhada cuidadosamente, com papel branco ou colorido, laços e outros enfeites, combinando com a decoração da mesa. Os bem-casados devem ser oferecidos abundantemente e trazem muita sorte não só para os noivos, como para todos que puderem saboreá-los. Ver **Guia de fornecedores e serviços**, p.92.

O REGISTRO DO CASAMENTO

Os antigos registros de casamento não dispunham dos recursos que hoje possuímos. Os velhos álbuns de fotografia eram o único modo de perpetuar esse momento tão importante na vida do novo casal.

Cada vez mais, os recursos tecnológicos permitem realizar registros que emocionam, com grande qualidade de imagem e sonorização.

A mudança começa pela maneira de gravar as imagens. Câmeras modernas dispensam fios e iluminação. O profissional fica livre para capturar os melhores ângulos e momentos, sem atrapalhar ou interferir diretamente na cerimônia ou na festa.

A linguagem também mudou. O novo estilo de trabalho pode ser chamado de videojornalismo. Dentro das diversas horas de filmagem, o fotógrafo procura registrar, de maneira mais dinâmica e natural, cenas espontâneas onde os participantes, na maioria das vezes, nem percebem que estão sendo filmados.

A edição das diversas cenas é feita com técnicas utilizadas em cinema, coincidindo o ritmo dos movimentos com o da música de fundo, normalmente escolhida pelos noivos.

Há ainda a possibilidade de transformar parte do trabalho, simpaticamente, em vídeos, *cartoons* e videoclipes de fotos.

Os noivos também podem fazer pequenas entrevistas com familiares e amigos, o que faz o registro ficar ainda mais descontraído.

O resultado final é um trabalho de grande leveza e criatividade. Mesclando as cenas mais importantes com outras divertidas ou atraentes, assistir ao registro da festa do seu casamento é, de longe, uma emocionante experiência para todos aqueles que participaram, como também um excelente programa para as pessoas ausentes nesse dia. Ver **Guia de fornecedores e serviços**, p.141.

CRONOGRAMA PARA ORGANIZAÇÃO DO CASAMENTO

Se o seu casamento tiver qualquer tipo de cerimônia ou festa, observe atentamente o cronograma abaixo.

Identifique todos os serviços e fornecedores que já idealizou. Assim, você começa a organizar o casamento em todos os seus detalhes. Oferecemos uma ordem cronológica para facilitar a contratação dos profissionais e a própria organização do evento.

COM 12 A SEIS MESES DE ANTECEDÊNCIA:

- **Contratar os fornecedores** e serviços mais fundamentais para seu evento: decorador, cerimonialista e bufê.
- **Um casamento com mais de 100 convidados** precisa, necessariamente, de um cerimonialista para que tudo dê certo. A natureza da comemoração impõe determinadas formalidades que devem ser orquestradas por alguém especialmente contratado para isso. As horas do bolo, do brinde, das fotos, dos cumprimentos, entre outras, são coordenadas pelo cerimonialista.
- **Escolher os acompanhantes da cerimônia:** padrinhos, damas de honra e/ou pajens. O número de acompanhantes indica o tamanho do local da cerimônia.
- **Fazer as listas de convidados** da cerimônia e da festa. Três delas serão confeccionadas: a da família da noiva, a da família do noivo e a dos amigos. Elas devem estar em harmonia com um único planejamento. Esse assunto merece ser amplamente discutido antes da produção dos convites. No passado os convidados mais formais participavam apenas da cerimônia religiosa. Atualmente, esse hábito não prevalece.
- **Escolher e reservar** o local da cerimônia e da festa.
- **Conhecer o celebrante da igreja** escolhida ou, se for possível, trazer o celebrante (pastor, padre ou rabino) da sua preferência. Algumas igrejas permitem que o celebrante de outra paróquia venha realizar a cerimônia.
- **Reservar o hotel** para a noite de núpcias.
- **Reservar as acomodações** e passagens para a lua-de-mel.

COM SEIS A TRÊS MESES DE ANTECEDÊNCIA:
- **Providenciar** os papéis do casamento.
- **Escolher e encomendar os trajes:** para a noiva, para o noivo e para os acompanhantes.
- **Planejar a cerimônia juntamente com o cerimonialista.** Chegue aos pequenos detalhes como a definição da hora em que os sinos tocam, a marcação do coral ou da música, a chuva de pétalas de rosas ou a entrada da noiva na igreja.
- **Escolher a música da cerimônia.** Você pode contratar uma orquestra de câmara, um coral ou escolher gravações das suas músicas preferidas para serem reproduzidas na cerimônia.
- **Definir o padrão dos convites**, contratar a gráfica para a sua produção e escolher o calígrafo.
- **Contratar o fotógrafo** e/ou o *videomaker*.
- **Encomendar o bolo da noiva.** Depois do vestido da noiva, o que mais chama a atenção no casamento é a dimensão e a decoração do bolo.
- **Comprar as alianças**.
- **Fazer as listas de presentes** nas lojas de sua preferência.
- **Contratar o veículo** que vai transportar a noiva para a cerimônia e os noivos para a festa.

Deve-se orientar as mães dos noivos e madrinhas da cerimônia quanto às cores de seus vestidos. A visão do altar fica mais harmoniosa se as cores escolhidas não se repetirem.

COM TRÊS MESES A SEIS SEMANAS DE ANTECEDÊNCIA:
- **Primeira prova do vestido** da noiva e das damas de honra.
- **Reservar as acomodações** para os convidados que venham de fora.
- **Contratar o cabeleireiro** e o maquiador para a noiva.
- **Escolher o cardápio do banquete** e provar do menu degustação junto com o chef de cozinha do bufê.
- **Definir as flores da ornamentação** juntamente com o decorador. A maioria das noivas tem o sonho romântico de ter uma flor específica na decoração do seu casamento.
- **Marcar a data do ensaio da cerimônia** com os pajens e damas, se possível com a música da cerimônia.

- **Marcar onde e quando** será o "chá de panela" da noiva e o "chá de bar" do noivo.
- **Providenciar passaportes** e vistos para a lua-de-mel, caso ela seja fora do país.
- **Enviar os convites de casamento.**

É simpático que os noivos organizem, com seus pais e padrinhos, um jantar íntimo antes do casamento.

COM TRÊS A DUAS SEMANAS DE ANTECEDÊNCIA:
- **Conferir os preparativos** para a cerimônia civil e religiosa.
- **Confirmar as acomodações** dos convidados que venham de fora.
- **O cerimonialista responsável** pelo serviço de confirmação ativa (*RSVP*) deve informar ao bufê contratado o número previsto de convidados até o momento.
- **Marcar os lugares dos convidado**s de honra à mesa, caso o banquete seja organizado com mesa posta.
- **Confirmar o fotógrafo** ou *videomaker*.
- **Última prova do traje** completo da noiva, isto é, do vestido, véu e grinalda.
- **Testar a maquiagem** e o penteado.
- **Confirmar o dia e o horário** do cabeleireiro.
- **Conferir os trajes do noivo**, pais e padrinhos.
- **Confirmar todos os preparativos** para a lua-de-mel.
- **Conferir o guarda-roupa** da lua-de-mel.

COM UMA SEMANA DE ANTECEDÊNCIA:
- **Fazer a conferência final** de toda a agenda programada junto aos profissionais contratados.
- **Marcar a hora** que a estilista vem vestir a noiva.
- **Marcar a hora** que o carro deve apanhá-la em casa.

É muito bom para relaxar o ambiente, oferecer às noivas uma taça de champanhe enquanto elas são vestidas e preparadas para a cerimônia.

GUIA DE FORNECEDORES E SERVIÇOS

BANQUETEIRAS E BUFÊS	64
BARTENDER, BEBIDAS E GELO	77
BOLOS, DOCES, CHOCOLATES E BEM-CASADOS	82
BUQUÊS, GRINALDAS E TIARAS	93
CERIMONIALISTAS	94
CLIMATIZAÇÃO, AROMATIZAÇÃO, GERADORES, BANHEIROS QUÍMICOS E CONTAINERS	99
COMIDINHAS	101
CONVITES, CALÍGRAFOS, CONFIRMAÇÃO E ENTREGA	107
DECORADORES	112
DJ'S, MÚSICA AO VIVO E PARA CERIMÔNIAS RELIGIOSAS	118
ENTRETENIMENTOS FESTEIROS	125
ESTILISTAS, ALUGUEL DE ROUPAS, SAPATOS E ALUGUEL DE FANTASIAS	127
FIRMAS DE EVENTOS E PROMOTERS	132
FLORES E PLANTAS ORNAMENTAIS	138
FOTÓGRAFOS E VIDEOMAKERS	141
GARÇONS, MAÎTRES E COPEIRAS	146
IGREJAS E SINAGOGAS	147
ILUMINAÇÃO, SONORIZAÇÃO E MULTIMÍDIA	152
LOCAIS PARA FESTAS E EVENTOS	155
LOUÇAS, COPOS, TALHERES, FREEZERS ETC.	167
MANOBRISTAS, SEGURANÇAS E LIMPEZA	170
MÓVEIS DIVERSOS	172
RECEPCIONISTAS	175
SOUVENIRS E ARTIGOS PARA FESTAS	176
TELEFONES ÚTEIS	178
TOLDOS, TENDAS, COBERTURAS E ESTRUTURAS TUBULARES	181
TRANSPORTES	182
VELAS E OBJETOS QUE ILUMINAM	186

BANQUETEIRAS E BUFÊS

DISTRITO FEDERAL

Adriana Buffet
(61) 3202-4040
(61) 3380-1825
www.adrianabuffet.com.br

Aurora Espaço da Corte
(61) 2099-2191
(61) 2099-2192
www.espaçodacorte.com.br

Buffet Cristina Roberto
(61) 3363-7210
www.cristinarobertobuffet.com.br

Buffet Ebenézer
(31) 3451-2645
(31) 3457-6568
www.buffetebenezer.com.br

Buffet Helena
(61) 3367-5237
(61) 3367-5818
(61) 9981-7642
www.helenabuffet.com.br
• Em Brasília é referência sem dúvida nenhuma. O sucesso culinário do evento é certo!

Buffet Oliveira
(61) 3563-5420
wjoliveira@brturbo.com.br

Carmem Abreu
(61) 3322-3027
www.carmemabreu.com.br

Casa do Pão
(61) 3242-0666
(61) 8431-0620
casadopaobsb@uol.com.br

Coffee Break
(61) 3386-8344
(61) 9200-2892
www.coffeebreakbuffet.com.br

Creps Buffet
(61) 3346-2847
(61) 3346-6066
www.crepsbuffet.com.br

Diamond
(61) 3366-4166
(61) 4549-1605

Elysée Buffet
(61) 3346-7484
(61) 3346-4821
elysee_buffet@hotmail.com
• Christian está neste mercado há 20 anos. Faz uma cozinha internacional da melhor qualidade e, há oito anos é o parceiro do Club du Taste Vin em Brasília. Também faz banquetes para ministros estrangeiros de relações exteriores, representando muito bem a culinária local.

Festa Fácil
(61) 3274-1453
festafacildf@brturbo.com.br

Godera
(61) 3443-8561
godera_buffet@hotmail.com

Grand Buffet
(61) 3412-6295
(61) 9989-7000
www.grandbuffet.com.br
grandbuffet@grandbuffet.com.br
• Leninha, chef simpática e competente, recebeu nos últimos três anos respectivamente os prêmios: Top Empreendedor; Quality e Top of Business. Tem infra-estrutura para fazer até quatro eventos por dia.

Hellô Buffet
(61) 3355-3071
(61) 9616-7788
hellobuffet@terra.com.br

Jenice Leila
(61) 3567-0736
jeniceleila@hotmail.com

La Fiesta
(61) 3399-5661
(61) 7814-1779
www.lafiestabsb.com.br
• Há seis anos trabalhando para empresas em Brasília. Faz até três festas por dia.

La Leopolda Festas
(61) 3366-1110
(61) 8115-9564
laleopoldafesta_@hotmail.com

La Provence
(61) 3380-2402
laprovencebuffet@br.inter.net

Leonardo Buzzi
(61) 3367-4144
(61) 9976-0432
Leo.buzzi@ig.com.br

Patrícia Buffet
(61) 3386-5196
(61) 9978-7074
(61) 3486-1169
www.patriciabuffet.com.br

• Há sete anos agradando em Brasília.

Premier Buffet
(61) 3597-1188
(61) 8421-0822
premierbuffet@bol.com.br

Renata La Porta Buffet
(61) 3340-0474
(61) 3364-6006
renatalaporta@pis.com.br

Rosa Chá Buffet
(61) 3327-2661
rosachabuffet@hotmail.com

MINAS GERAIS

Buffet Abigail
(31) 3221-5406
www.abigailbuffet.com.br

Buffet Bouquet Garni
(31) 3481-2990
www.bouquetgarni.com.br

• Além de oferecer serviço de bufê para recepções, prepara mega almoços e jantares para eventos corporativos. Está no mercado há 18 anos.

Buffet California
(31) 3334-1576

• Há mais de 30 anos no mercado faz qualquer tipo de festa e atualmente implantou sistema de *delivery* que deve ser solicitado com até 24 horas de antecedência.

Buffet Pichita Lanna
(31) 3261-5044
pichitalanna@pichitalanna.com.br

• Mais de 12 anos no mercado atende a partir de 50 pessoas, com coquetel volante, almoços e jantares.

Buffet Sandra Mara
(31) 3466-1767
(31) 9168-3788
www.buffetsandramara.com.br

• Serviço de bufê para qualquer tipo de festa ou evento; também oferece espaço para realização de festas para até 300 pessoas.

Buffet Santa Ceia
(31) 3481-2559
www.buffetsantaceia.com.br

• Além de fornecer serviço de bufê para o mínimo de 50 pessoas, organiza festas, almoços, jantares, formaturas etc.

Buffet Universo
(31) 3912-3762
(31) 3044-3021
www.buffetuniverso.com.br

• Serviço tradicional de bufê e organização de eventos.

Flamb'Art Buffet
(31) 2127-7000
www.flambart.com.br

• Oferece serviço de bufê para qualquer ocasião e disponibiliza espaço *lounge* para eventos.

Hidezushi Buffet
(31) 3495-4464
hidezushi@uol.com.br

Maciellina Buffet
(31) 3335-8026
www.buffetmaciellina.com.br

• Dona Maria Eny Maciello, há 36 anos no mercado,

BANQUETEIRAS E BUFÊS

além das famosas festas em Belo Horizonte, atende também o Rio de Janeiro. Faz jantares à francesa para um mínimo de 20 pessoas e tem infra-estrutura para atender até três mil convidados.

Oishi Buffet
(31) 3261-4009
www.oishijapones.com.br

• Bufê de culinária japonesa para festas particulares ou eventos corporativos.

Pierre Buffet
(31) 3322-2221
www.pierrebuffet.com.br

Rullus Buffet
(31) 3297-3432
(31) 3297-3453
www.buffetrullus.com.br

• Tradicional em Belo Horizonte, requinte e sabor que passou de pai para filho.

PERNAMBUCO

Personnalite Recepções
(81) 3421-2210
(81) 9973-2094
www.personnaliterecepcoes.com.br

• A chef Andréa Manzi leva a comida e toda a produção da festa do Recife para todo o país.

RIO DE JANEIRO

Ana Maria Zukerman
(21) 2434-1813
restauranteatlantico@ig.com.br
www.atlanticobuffet.com.br

• Chef e muito boa organizadora de banquetes.

Andréa Tinoco Gastronomia
(21) 2233-6446
(21) 8844-7339
www.andreatinoco.com.br

• Chef tarimbada, cardápio diferenciado. Sempre presente em seus eventos.

Aquim
(21) 3235-9750
www.aquim.com.br

• Uma família muito competente a serviço da gastronomia. Fazem mega, grandes e pequenos eventos.

Bon Creperie
(21) 2430-7151
(21) 7813-3036
www.boncreperie.com.br

• Os crepes mais gostosos do Rio na sua casa.

Buffet Caravelas
(21) 2539-0598
www.caravelaseventos.com.br

• Para Mariza e Luiz Alberto a apresentação é fundamental.

Buffet Célia Lucena
(21) 2226-3138
(21) 9591-5348
www.celialucena.com

Buffet Claudia Sued
(21) 2428-1114
(21) 9132-2496
claudiasued@hotmail.com

• Faz banquetes muito saborosos e transados, tendo como especialidade a culinária Árabe.

Buffet Lazary
(21) 2701-2134
www.lazary.com.br

• No mercado há 17 anos. Atua no Rio de Janeiro, em Minas Gerais, no Espírito Santo e em São Paulo.

Cabral Caminha Buffet
(21) 2222-0867
cabralcaminha@terra.com.br

• Suely com seu bufê de Santa Tereza faz sucesso com seus clientes. Comida criativa e gostosa.

Casa da Irene
(21) 2267-8217
(21) 9322-5264
irene.rlk@terra.com.br

• Bufê especialmente balanceado. Temperos especialíssimos, resultado de muitas viagens.

ANDRÉA MANZI
Bufê Personnalité, Recife

Criadora do Bufê Personnalité em Recife, Andréa está presente nos mais charmosos do Brasil. Banqueteira há mais de 15 anos, ela criou um bufê com "atendimento itinerante", responsável pelos mais incríveis eventos sociais e institucionais de norte a sul.

Trabalhando com liberdade e modernidade, o Personnalité possui equipe fixa de 36 pessoas, espaço para eventos e infra-estrutura para organização de qualquer tipo de festa. "Movimentamos cerca de 400 profissionais a cada trabalho. Conseguimos conjugar o banquete à decoração da festa, sempre ligados aos pequenos detalhes como o tipo de bandeja ou a roupa dos garçons. Adoro satisfazer a fantasia dos nossos clientes na produção de festas temáticas."

O Personnalité está em todos os lugares. No final do ano, Andréa organizou um jantar em Natal para 1.000 pessoas sentadas, no lançamento do Pallio 2007 para a Fiat. Ao mesmo tempo, fazia a festa de despedida mundial do show Saltimbancos do Cirque du Soleil, uma produção revolucionária que transformou o Clube Costa Brava no Rio de Janeiro.

"Recebemos muitos elogios pela decoração do aniversário de Ed Sá Sampaio em São Paulo. Fiquei também muito satisfeita com o resultado da festa circense no aniversário de Cristina Meira Lins, dona do Resort Nanai, no Espaço Personnalité em Recife."

Responsável durante seis anos pelo camarote carnavalesco Salvador, do neto de Antonio Carlos Magalhães, Andréa Manzi servia em média 2.000 pessoas por noite.

"Somos os melhores organizadores de festas na praia. Temos eventos memoráveis realizados em Fernando de Noronha e outros redutos paradisíacos do litoral brasileiro."

Andréa Manzi é muito orgulhosa do seu trabalho. "Qualidade total e a satisfação dos meus clientes. Essa é toda a diferença do Personnalité."

Cecilia Borges Buffet
(21) 2246-0683
(21) 2246-0503
ceciliaborges@uol.com.br

• Chique, elegante, cardápio impecável com serviço de primeira. Prefere fazer festas para até 500 pessoas.

Chef Pierre Landry
(21) 2493-1561
(21) 9192-0681
chefpierre@superig.com.br

• Primeira referência em chefs cariocas. Consultor gastronômico de sucesso.

Chef Yves Mesnard
(21) 2286-4131
mesnard@ig.com.br

• Chef *low profile*. Atende empresas e particulares.

Cipriani
(21) 2545-8747
www.copabanapalace.com.br

• Melhor bufê italiano da cidade, o chef Francesco Carli serve uma comida de dar água na boca.

Claude Troisgros
(21) 2539-0033
(21) 2539-4542
www.claudetroisgros.com.br

• Uma unanimidade. Eleito melhor chef carioca por vários anos. Faz banquetes maravilhosos em residências ou empresas.

Cláudio Bastos Gastronomia
(21) 2722-5249
(21) 8868-9213
www.claudiobastosgastronomia.com.br

• Em Niterói ele arrasa. Faz eventos grandes com sucesso.

Cooking Buffet
(21) 2527-1502
www.cookingbuffet.com.br

• Adriana Mattar e Ana Cecília Gros fazem cardápios modernos, personalizados e internacionais. Lançaram serviço de *delivery* de ótima qualidade.

Crêpes & Galettes Pascal Regnault e André Lemos
(21) 2579-0748
(21) 9190-9978
www.crepesegalettes.com

• Crepes e *galettes* que eles preparam em sua casa ou apenas entregam semiprontos.

Cristina Santana
(21) 2493-0844
(21) 9199-6347
mariacristina.santana@gmail.com

• Ela atua na Barra da Tijuca há dez anos com muito sucesso.

D'Valle Eventos
(21) 3322-1683
(21) 9996-2193
mjevangelho@gmail.com

• Maria José está nesse mercado há oito anos com sucesso.

David Howard
(21) 2294-1197
(21) 2512-6756

• David fez o Cordon Bleu School of London e depois abriu seu bufê no Brasil. Verdadeiro *gentleman*!

Demar Buffet
(21) 2241-1501
(21) 2241-4544
demar@uninet.com.br

• Há mais de 15 anos no mercado do Rio. Comida honesta e saborosa. Demar é uma simpatia de pessoa.

Dininha Pacheco
(21) 2539-6565
(21) 9387-7320
pacheco.isso@uol.com.br

• Começando no mercado com muita criatividade e sabor.

Ecila Antunes
(21) 2268-8639
(21) 9954-5837
ecilaantunes@terra.com.br

AQUIM
Rio de Janeiro

Em 15 anos de existência, Aquim fez de sua gastronomia ponto de referência no mercado de festas. A consagração chegou com a escolha do bufê para realizar a festa de 100 anos da Cartier num hangar do Aeroporto Santos Dumont, no Rio de Janeiro. O evento, que acontece de 10 em 10 anos, tinha sido realizado pela última vez em Paris, pelo chef Paul Bocuse.

Para o evento, Aquim criou doces folheados a ouro, assinados por Samantha Aquim. A idéia se transformou nos "ovos de ouro" comestíveis, vendidos na Boutique Gastronômica Aquim com absoluto sucesso no Rio, Belo Horizonte e São Paulo na Páscoa de 2007.

O desafio à boa gastronomia é a falta de infra-estrutura oferecida aos bufês nos eventos. "Temos que nos virar para que a comida não chegue fria e, muitas vezes, para que a chuva não atrapalhe a entrega dos pratos para o convidado."

Luiza Aquim, mãe dos três outros integrantes do Aquim, acredita que a psicanálise ajudou o grupo a vencer as dificuldades de trabalhar unido. Todos fizeram psicanálise e hoje participam de terapia de grupo para empresas. "Resolvemos nossos problemas internos com terapia para não prejudicar o nosso trabalho."

Segundo Luiza "todo bom trabalho é aquele em que a gastronomia entra como papel principal. A alta gastronomia é o respeito com o alimento e o conhecimento."

Não poderia ser diferente para o Aquim. Luiza é formada no Italian Culinary Institute for Foreigners, Samantha na Ecole Lenôtre e no Italian Culinary Institute for Foreigners, Rodrigo fez o Culinary Institute of America em Nova York e Rafael é administrador de empresas.

BANQUETEIRAS E BUFÊS

• Ecila tem um estilo muito próprio. Banqueteira carismática e moderna.

Écio Cordeiro de Melo
(21) 3342-4281
(21) 3412-4503
fourseasons@connection.com.br

• Cozinha contemporânea e transada. Chef muito simpático e de extremo bom gosto.

Elba Ximenes Buffet
(21) 2529-8322
(21) 9803-2747
elbaximenes.buffet@ig.com.br

• Elba e Beth são sócias e fazem uma gastronomia de sucesso.

Eloisa Helena da Silva
(21) 2527-6843
(21) 9762-6164

• Coquetéis ou festas informais costumam ser bem servidos por esta banqueteira que está no mercado há oito anos.

Felipe Bronze
(21) 3322-1118
(21) 8858-2204
felipebronze@globo.com

• Chef premiado, só atende a eventos especiais.

Fernando Aciar e Adriana Reis Bufê
(21) 9605-3271
(21) 9639-9650

Fetê&Feast by Ana Maria Menezes
(21) 2486-1603
(21) 9923-9193
anamenezes.gastronomia@gmail.com

• Ana Maria e Mariana, mãe e filha, fazem uma dupla, além de chique, simpatissíssima e ótima!

Fine Taste
(21) 3154-4058
(21) 9887-1970
alecbeze@hotmail.com

• Alessandra Bezerra é banqueteira de culinária francesa. Atenção às miniaturas de doces, são deliciosos e lindos!

Flávia Quaresma Gastronomia
(21) 2537-2274
www.flaviaquaresma.com.br

• Chef do Carême, faz excelentes banquetes com comida da melhor qualidade.

Garcia & Rodrigues
(21) 3206-4100
(21) 3206-4115
www.garciaerodrigues.com.br

• Christophe Lidy à frente de seus banquetes não comete erros. Tudo sempre saboroso e perfeito.

Gastrô Banquet
(21) 2497-2430
(21) 8106-8570
www.gastrobanquet.com.br

• Michelle faz eventos em toda a cidade. Sua gastronomia faz muito sucesso.

Grão Semente
(21) 2521-0418
(21) 9394-2172
www.graosemente.com.br

• Bufê vegetariano de Anna Elisa de Castro e Paula Gribel Mansur. Banqueteiras especializadas em comida crua.

Gustavo Carvalho
(21) 2494-4289
(21) 9984-1204
gcgastronomia@ig.com.br

• Banqueteiro *low profile* encanta seus clientes desde sempre.

Gutessem - Comida Judaica
(21) 2294-2053
(21) 2239-4123
gutessem@bol.com.br

• Dona Dulce e Márcia fazem comida judaica com competência em seu bufê.

Heloisa Nascimento Brito
(21) 2275-3410
(21) 9163-9507

• Cordon Bleu conhecida, oferece uma tradicional e excelente comida em seu bufê.

CECÍLIA BORGES
Rio de Janeiro

Cecília Borges soube aproveitar a tradição culinária familiar de mais de três gerações e é uma das banqueteiras de maior sucesso do Rio de Janeiro.

Sua principal preocupação é o sabor da comida que vai apresentar: "O esmero na apresentação ou a originalidade do cardápio não podem superar a importância do sabor da comida." Esse é o segredo do seu sucesso. O paladar memoriza um sabor maravilhoso. Vinte anos depois o convidado ainda se lembra daquele jantar.

Apreciada por muitos pela sua *confort food*, ou comida caseira, gostosa e despretensiosa, Cecília prefere utilizar os seus 30 anos de experiência para aceitar desafios e criar cardápios originais para cada festa. "Um amigo uma vez me disse que meu jantar marroquino superou o servido no festival culinário. Fiquei encantada."

Em sua opinião, o carioca segue o modismo por tradição. "Estar em dia com a moda é necessário, mas sempre procuro somar uma nova idéia ao meu trabalho. Já lancei muita moda e tenho grande prazer nisso. Fui chamada para fazer um jantar tailandês e tive que ler muitos livros, pesquisar temperos até conseguir chegar ao cardápio definitivo. Depois veio o impasse de como servir a comida, o que não poderia ser feito em baixelas de prata. Confeccionamos travessas de bambu, colocamos nas mesas lindas toalhas de juta e decoramos a mesa-bufê com arranjos de frutas e flores muito coloridas. Quanto ao cardápio, fiz algumas adaptações. Servi a pimenta à parte, porque, afinal, não somos tailandeses e o que importa é o sucesso dos pratos. O convidado saboreou sem medo."

BANQUETEIRAS E BUFÊS

Hinata - Buffet Japonês
(21) 2711-5386
(21) 8858-9817
mayumimuto@urbi.com.br

• Bufê japonês muito requisitado no Rio.

Isidro Rodrigues
(21) 2539-1586
(21) 2527-6685

• Grandes eventos com banquetes tradicionais.

JR's Buffet e Eventos
(21) 2260-0058
(21) 8108-7710
www.jrbuffet.com

• Rebeca e Joaquim estão há sete anos nesse mercado, e são muito bem-estruturados.

Kitty Assis
(21) 3322-2863
(21) 9618-0957
kittyassis@hotmail.com

• Alta gastronomia e serviço impecável. Gosta muito de *petit comitê*.

Lilia Fortuna
(21) 3874-2818
(21) 3874-2793
www.liliafortuna.com.br

• Banqueteira competente, organizada, moderna e criativa.

Lilian Braga
(21) 2226-6500
buffet@locanda.com.br

• Banqueteira transada, serviço correto, cardápio de qualidade.

Lucia Buffet
(21) 2268-8247
(21) 9393-5552
luciabuffet@yahoo.com.br

• Zé Maria e sua simpatia dispensam comentários.

Lumier Buffet
(21) 2761-8207
(21) 9729-5158
lumierbuffet@bol.com.br

• Carlos montou seu bufê depois de ter sido *maître* de um conhecido bufê do Rio.

Madeleine Saade Buffet
(21) 2295-4675
(21) 9857-5232
madacafe@dijon.com.br

• Especializada na comida libanesa requintada. A culinária asiática, como a vietnamita, indiana, chinesa, também são pontos altos desta banqueteira conhecida da sociedade carioca.

Mallow Produções
(21) 3860-4007
claudia@cvplus.com.br

• Durante uma época foi responsável pelo restaurante da Hípica na Lagoa.

Manekineko Japanese Fusion
(21) 8844-9211
www.manekineko.com.br

• Comida japonesa com grife.

Maria Helena Calazans
(21) 2493-4792
mhcalazans@superig.com.br

• Na Barra da Tijuca todos conhecem Maria Helena. Ela está no mercado há pelo menos dez anos.

Maria Luiza Buffet
(24) 2243-9853
(24) 2246-4436
paladarapurado@redetaho.com.br

Marias e Amélias Buffet
(21) 2714-9876
(21) 9997-4711
mariaseamelias@terra.com.br

• Em Niterói todos torcem para que o jantar tenha a assinatura delas. Estão vindo para o Rio com força total!

MDC Sabor e Festa Com. e Eventos
(21) 2527-0003
(21) 9152-0780
saborefesta80@hotmail.com

• Mônica e Dani agradam em tudo o que fazem.

BANQUETEIRAS E BUFÊS

Mimi Sathler
(21) 8112-1113
mimichef@2die4.com

• Cardápios orgânicos contemporâneos. Atende até 30 pessoas.

Miss Tanaka
(21) 3205-7321
(21) 9124-1632
misstanaka@misstanaka.com.br

• Comida japonesa de alto nível.

MR Buffet
(21) 2176-0048
(21) 2594-2289
www.mrbuffet.com.br

• Mário vem se superando a cada dia.

Natraj
(21) 2239-4745
www.natraj.com.br

• Comida indiana de qualidade em sua festa.

Oficina de Gastronomia
(21) 2266-2275
oficinadegastronomia@hotmail.com

• A chef Ana Helena Barbará faz uma gastronomia muito saborosa com apresentação de muito bom gosto.

Olivier Cozan
(21) 2247-5351
www.oliviercozan.com.br

• Chef bretão prepara jantares deliciosos para eventos empresariais e particulares.

Osborne Gastronomia
(21) 2445-4575
(21) 9955-8833
gastronomiabel@terra.com.br

• No mercado da gastronomia Izabel está se firmando com solidez.

Paladarys e Tal eventos Ltda.
(21) 2577-4444
(21) 8119-8897
paladarys@veloxmail.com.br

• Simony e Eleonai são ótimas.

Pederneiras Gastronomia
(21) 2286-2285
(21) 2266-0047
pederneiras@pederneirasgastro.com.br

• A dupla de banqueteiras mais disputada do Rio. Laura e Roberta são impecáveis em todos os quesitos.

Portal do Sabor
(21) 2288-3468
(21) 8134-7124
portaldosabor@terra.com.br

• Taciana e Bia estão fortes no mercado, surpreendendo muita gente.

Produções Culinárias
(21) 2551-0605
(21) 9454-8366
ffproducoes@visualnet.com.br

• Mãe e filho criativos com muita experiência nesse mercado.

Revezam Buffet
(21) 2456-9525
(21) 9625-7615
revezambuffet@hotmail.com

• Eduardo e Fernando fazem uma sociedade de sucesso.

Roberta Sudbrack
(21) 2524-1152
chef@rsudbrack.com.br

• Simpática, perfeita e premiada chef. Faz banquetes deliciosos.

Rodolfo Bottino
(21) 2249-9418
(21) 9995-2755

• Inventor de pratos de excelente bom gosto.

Selma André Produções
(21) 2568-6743
(21) 8162-5457
selmaandre@matrix.com.br

• Além do bufê ela faz toda a produção do evento.

Sonia Eiras
(21) 2438-4995
(21) 9747-0789
soniaeiras@gmail.com

• Sonia agrada a muitos, principalmente na Barra da Tijuca.

Sushi Leblon
(21) 2274-1342
www.sushileblon.com.br

• Com competência serve banquetes em casa para até 50 pessoas.

Sussu
(21) 3322-2307
(21) 9987-1376
sussunorbert@uol.com.br

• Banqueteira perfeita para festas informais.

Tenkai-Yomi Sushi
(21) 2540-5100
(21) 8833-7777
tenkai@uninet.com.br

• César ganhou prêmio "Melhor Bufê Japonês" do *Globo* em 2006.

Tetê e Neco
(21) 3392-4525
(21) 9803-8987
mrgula@mrgula.com.br

• Sua simpatia e competência estão sempre juntas.

Thai Wok - Comida Tailandesa
(21) 2492-5743
(21) 7896-4059
udorolleke@terra.com.br

• Casal de extremo bom gosto e com uma culinária exótica e saborosa.

ZK Buffet e Eventos
(21) 2497-3420
(21) 8145-2342
zkfeiraseeventos@globo.com

• Karin e Zeca são competentes. Fazem uma cozinha personalizada, e atendem de norte a sul do país.

SÃO PAULO

Buffet Aninha Gonzalez
(11) 3083-1211
(11) 3083-1380
www.aninhagonzalez.com.br

• Há oito anos esta banqueteira transforma receitas tradicionais em culinária diferenciada.

Buffet Arroz de Festa
(11) 4702-6029
www.arrozdefesta.com.br

• Esmero e muita personalidade na execução dão à sua comida uma leitura moderna.

Buffet Charlô
(11) 3811-7788
www.charlo.com.br

• Cardápio chique e aromático. O chef Charlô Whately foi coroado pelos paulistas.

Buffet Christian Formon
(11) 3221-4943
www.buffetchristianformon.com.br

• Christian Formon, chef francês, faz toda a produção do jantar se o cliente desejar, do menu ao aluguel dos materiais.

Buffet Fasano
(11) 3074-4700
(11) 3089-9400
www.fasano.com.br

• Qualidade sem comparações. Faz excelentes banquetes nas principais capitais do país.

Buffet França
(11) 3662-6111
www.buffetfranca.com.br

• Deliciosa gastronomia rodeada por excelente serviço.

Buffet Ginger
(11) 3816-2612
www.buffetginger.com.br

• Nina Horta e Andréa Rinzler são famosas por terem cozinhado para príncipes e ministros.

Buffet O Leopolldo
(11) 3817-6363
www.oleopolldo.com.br

• Este bufê, do chef Giancarlo Bolla, tem também cozinha Kosher, supervisionada pelo rabino Yossi Schildkraut.

LAURA E ROBERTA PEDERNEIRAS
Pederneiras Gastronomia, Rio de Janeiro

Roberta Pederneiras divide com sua mãe, Laura Pederneiras, o sucesso de dirigir um dos melhores bufês do Rio de Janeiro, o Pederneiras Gastronomia.

Roberta estudou com Jean Yves Poirot, chef de cozinha do antigo Hotel Meridien. Ela atribui a sua formação sua capacidade de criação. "Estudei muito e estou atualizada com a gastronomia internacional. Disponho de recursos técnicos para enfrentar as mais diversas situações sem perder a qualidade da minha culinária."

Roberta consegue os melhores resultados com simplicidade. O segredo é não abrir mão da qualidade dos produtos utilizados, além de executar com talento os cortes das carnes, peixes e frutos do mar. "A apresentação dos pratos é fundamental. Sirvo sempre em porções menores para facilitar a reposição das travessas e garantir sua boa apresentação durante todo o serviço."

Laura Pederneiras é a responsável pelo desempenho impecável do seu bufê, orquestrando com maestria o serviço dos maîtres e garçons, a dinâmica da reposição dos diferentes pratos à mesa, a temperatura das bebidas, além da limpeza do ambiente durante todo o tempo. Ela fala com orgulho do seu último trabalho: "servimos 1.100 convidados como reis. Utilizamos 110 funcionários para este resultado. Ao final, tudo estava limpo e organizado como se nada tivesse acontecido."

Manter o mesmo padrão de qualidade culinária e a satisfação dos clientes é o objetivo do Pederneiras Gastronomia. Roberta e Laura dispõem de muita capacidade e velocidade de criação para atender aos diferentes gostos dos clientes.

Seus clientes também cedem às criações inesquecíveis das Pederneiras, como o camarão ao gengibre, o cordeiro com risoto de pêra, o ravolli mascarpone com limão siciliano ou o purê de vanila com fois gras, entre outras.

Laura e Roberta Pederneiras são duas das grandes referências de qualidade culinária e competência profissional do mercado nacional de festas.

BANQUETEIRAS E BUFÊS

Buffet Reuss
(11) 5031-8100
www.buffetreuss.com.br

Buffet Revena
(11) 4419-0611
(11) 4419-0610

Buffet Tôrres
(11) 5041-2244
(11) 3168-7466
www.buffettorres.com.br

• Gastronomia internacional aliada a completa estrutura para festas.

Buffet Vivi Barros
(11) 5182-8666
www.buffetvivibarros.com.br

• Este bufê é muito versátil e tem facilidade para interpretar gastronomicamente os mais especiais desejos dos seus clientes.

Francisca Buffet
(11) 5505-1429
www.franciscabuffet.com.br

• Francisca Mullon tem experiência de 30 anos. Ela ajuda na montagem do seu cardápio.

Fred Frank Gastronomia
(11) 3023-6155
www.fredfrank.com.br

• Experiência internacional aliada à culinária brasileira.

Gladys Demétrio Buffet
(11) 3082-1101
(11) 3673-3444

• Gladys tem tradição na sociedade paulista.

Gourmet by Marcelo Sampaio
(11) 3021-0116
(11) 3021-3674
www.espacoapgourmet.com.br

• Chef preocupado com a harmonia do evento, combina a culinária com a decoração.

Kosushi Japonês
(11) 3167-7272
www.kosushi.com.br

• Banquete japonês em sua casa com as delícias do restaurante Kosushi.

L'Epicerie
(11) 3167-5676
(11) 3088-3981

• Gastronomia artesanal servida em louças especiais.

Le Fournil
(11) 5087-0800
www.accorhotels.com.br/sofitel

• *Boulangerie* e *patisserie* do Sofitel, funciona independentemente do hotel.

Marina Aguiar Eventos & Gastronomia
(11) 3071-1797
(11) 3168-0068
www.marinaaguiar.com.br

• Além da gastronomia, este bufê está preparado para produzir todo o evento.

Neka Gastronomia
(11) 3816-1039
www.neka.com.br

• Este bufê desenvolve cardápios ousados e faz toda a produção do evento se o cliente solicitar.

Patê Maison Gastronomia
(11) 3031-6987
www.patemaison.com.br

• Há 25 anos no mercado de São Paulo, já se tornou uma referência na cidade em eventos empresariais e particulares.

Quitutaria Eventos Gastronômicos
(11) 3168-2956
www.quitutaria.com.br

• Bufê moderno, oferece aos noivos inclusive a *finger food* muito em moda no momento.

Renato Aguiar Buffet
(16) 3632-1778
(11) 3031-4319
www.renatoaguiar.com.br

• Em Ribeirão Preto ele é referência em boa gastronomia.

Shakt's Buffet Indiano
(11) 4339-2134
(11) 4339-1859
www.meetaravindra.com

Sofitel Chez Vous
(11) 5087-0863
(11) 5087-0864

• O chef Patrick Ferry leva à sua festa as delícias de seu cardápio. Atende até 40 pessoas.

Tatá Curry
(11) 5181-3393
www.tatacury.com.br

Toninho Mariutti
(11) 3721-4462
(11) 3721-5754
toninhomariutti@terra.com.br

• A maioria dos paulistas de bom gosto já provou de sua culinária. Seu bufê tem serviço completo.

Tuca Lobo Vianna Gastronomia
(11) 3758-1979
www.tucalobovianna.com.br

• Com seu estilo clássico, hoje cozinha para as principais capitais do país.

BARTENDER, BEBIDAS E GELO

BARTENDER

DISTRITO FEDERAL

A&L Festas
(61) 9106-9453
larissanaraujo@gmail.com.br

Funny Show Bar
(61) 3366-4350
(61) 8162-2989
www.funnyshowbar.com.br

MINAS GERAIS

Alberto's Coquetel
(31) 3496-8685
thebestofcocktail@ig.com.br

Bartender Drinks e Coquetel
(31) 3225-2771
www.bartenderdrinks.com.br

RIO DE JANEIRO

Absolut Festas
(21) 2451-2633
(21) 9269-7849
rpagodeirobartender@bol.com.br

• Rodrigo com sua equipe fazem *open bar* com show de malabarismo.

Alchemist Brothers
(21) 2565-7068
(21) 8753-6167
www.alchemistbrothers.com.br

• Mais do que um serviço de bar. Muita diversão.

Alex Mesquita
(21) 2232-5926
(21) 9867-2917
alexflair@yahoo.com.br

• Jovens divertidos e competentes. Também fazem malabarismos.

Artesanato da Festa
(21) 9248-0549
scoppe@bol.com.br

• Equipe de bartenders e garçons selecionados atendendo ao Rio e a Niterói.

Bruno Costa
(21) 3245-6982
(21) 9391-0076

• O simpático Bruno faz um bom serviço de barman.

Cooking Bartenders
(21) 2527-1502
(21) 9988-7997
www.cookingbuffet.com.br

• Oferece drinks variados, desde os clássicos passando por caipirinhas transadérrimas.

Dedé Andrade
(21) 3666-5259
(21) 8188-1176
cesar-sorrilha@hotmail.com

• Clientela fiel, profissionalismo e bom humor são suas marcas.

Fabiano Dias
(21) 9991-2035
fabianobdias@hotmail.com

• Consultor de bar. Trabalhou em Londres. Ótimo para festas diferentes.

Lili Bartender
(21) 2663-6767
(21) 9102-9263
elane2003@hotmail.com

• Lili é uma bartender de charme, que também atende com sua equipe.

Magic Bar
(21) 2226-6119
(21) 9947-7255
eduardopillon@terra.com.br

Mib Serviços
(21) 3902-6003
(21) 8727-4444
www.mibrenato.hpg.com.br

• A empresa do Renato oferece serviço de bar e de salão.

Philipe Paraguai
(21) 3152-2894
(21) 9969-5784
philipeparaguai@yahoo.com.br

• Philipe e sua turma sempre fazem sucesso nos eventos.

Rodolfo Werner Brandão
(21) 2539-3619
(21) 9272-2930
bartender@superig.com.br

• No mercado de festas todos conhecem seus drinks e profissionalismo. Rod é muito esperto e prepara drinks clássicos e modernos.

Show Bar Brazil
(21) 2772-9629
(21) 9126-5892
marcospazz@hotmail.com

SÃO PAULO

Brasil Bartender
(12) 3014-6555
(12) 9141-2549
www.brasilbartender.com.br

Ddrinks
(11) 6951-6932
(11) 7334-3760
www.ddrinks.com.br

Help Bar
(11) 3032-4450
www.help´bar.com.br

• Infra-estrutura para festas com destaque para sua equipe especializada em coquetéis.

Hot Drink's
(11) 5979-9124
(11) 8143-4390
www.hotdrinks.com.br

Os Bacanas
(11) 3085-8033
www.osbacanas.com.br

• Malabarismo na confecção dos drinks, feitos por uma equipe jovem e bem treinada.

Shakers
(11) 5543-1311
www.shakers.com.br

• Bartenders performáticos em ilhas de bar, opções diferentes do serviço tradicional, também oferecido.

Special Drinks
(11) 4474-4544
www.specialdrinks.com.br

BEBIDAS

DISTRITO FEDERAL

Club du Taste Vin
(61) 3346-4821
(61) 3346-7844
www.tastevin.com.br

Jallas
(61) 3306-2753
(61) 8134-9034
www.jallas.com.br

Superadega
(61) 3361-4946
www.superadega.com.br

Vinhos Miolo
(61) 3447-4950

Vintage Express
(61) 3326-1500
www.vintagevinhos.com.br

MINAS GERAIS

Globalbev
(31) 3492-3377
www.globalbev.com.br

Menimport
(31) 3286-8362
www.menimport.com.br

RIO DE JANEIRO

A garrafeira
(21) 2512-3336
agarrafeira@bridje.com.br

• Esta loja conta com mais de mil marcas diferentes de bebidas.

Absolut Frozen
(21) 2619-0329
(21) 9961-4763
www.absolutefrozen.com.br

• A vodka Absolut dispensa comentários. Todos sabem que é ótima!

Adega da Barra
(21) 2439-8756
(21) 2439-0552
comercial@adegadabarra.com.br

• Vinhos portugueses, chilenos, argentinos e uruguaios.

All Drinks
(21) 9627-4006
(21) 9152-6794
all_drinks@hotmail.com.br

• Newton Macedo oferece as mais finas bebidas em consignação para sua festa.

Brahma Chopp Express
(21) 3389-5400
www.brahma.com.br

• Além do chopp e do tirador, o cliente tem a opção de levar mesas e cadeiras da Brahma.

Casa Nunes Martins
(21) 2584-3232
www.nunesmartins.com.br

• Vinhos importados com grande variedade.

Casa Valduga
(21) 2236-0132
(21) 9459-5492

• Bianca Bittencourt representa vinhos finos de qualidade.

Castelo dos Vinhos
(21) 2424-7700
(21) 2424-7072
castelodovinho@adegaramos.com.br

• Tradicional casa de vinhos do Rio de Janeiro.

Club du Taste Vin
(21) 2240-0350
(21) 2494-7648
tastevinrj@tastevin.com.br

• Adega com mais de mil vinhos franceses.

Destilado
(21) 2610-2360
destilado@destilado.com

• São produtos diferenciados, selecionados por *sommeliers* de maneira criteriosa.

Enoteca Fasano Rio
(21) 2422-3688
eventos@enotecafasano.com.br

• A mais recente opção para os apreciadores de bons vinhos. No Fashion Mall em São Conrado.

Expand
(21) 2532-7332
(21) 2493-6161
expandriocentro@virtualexpo.com.br

• Desde 1978 a loja possui mais de 2.500 rótulos de 160 produtores do mundo inteiro.

Grand Cru
(21) 2511-7045
www.grandcru.com.br

• Famosa pela variedade de produtos, faz também degustações em suas lojas.

KMM
(21) 2286-3873
(21) 9672-3280
www.rephil2003.com.br

• Importadora especializada em vinhos australianos.

Kombinado
(21) 2266-0845
kombinado@kombinado.com

• Distribuidora de bebidas diversas.

La Reserve
(21) 2580-3126
(21) 9984-8704
sac@lareservebebidas.com.br

• Vendas consignadas, parceiros consagrados, canal de festas da Moet Hennessy.

Lidador
(21) 2533-4988
(21) 2237-9063
www.lidador.com.br

• Importadora tradicional com filiais em todo o Rio de Janeiro.

Mondo Divino
(21) 2431-0924
mondodivino@hotmail.com

• Vinhos e espumantes de ótima qualidade.

Platanus
(21) 3603-2027
catiademelosilva@globo.com

R & B
(21) 2252-5039
www.rbmares.com.br

• Atende ao segmento de médios e pequenos atacadistas, tendo preços competitivos.

Vinícola Miolo
(21) 2513-9086
(21) 2522-7688
www.vinicolamiolo.com.br

• Produz vinhos nacionais de ótima qualidade.

Wines and Roses
(21) 2293-0097
(21) 9853-7696
www.winesandroses.com.br

• Vendas de bebidas para festas, restaurantes e hotéis.

SÃO PAULO

Armazém dos Importados
(11) 5051-1263
www.armazemdosimportados.com.br

• Degustação e logística eficientes. Muitas opções para o seu evento.

Bacco's
(11) 3661-7898
(11) 3661-7788
www.baccos.com.br

Best Wine
(11) 3722-2155
(11) 3726-2399
www.bestofausttralia.com.br

BR Bebidas Importadas
(11) 3071-0777
www.brbebidas.com.br

• Trabalha com consignação, entrega e retirada de produtos e telefone 24h para emergências.

Brahma Chopp Express
(11) 5054-7766
www.brahma.com.br

Casa Lisboa
(11) 6197-4888
www.casalisboa.com.br

• Consultoria e degustação com boa logística realizada pelos irmãos Joaquim e Alfredo Martins.

Cellar
(11) 5531-2419
(11) 5531-0794
www.cellar-af.com.br

Enoteca Fasano
(11) 3168-1255
www.enotecafasano.com.br

• Manuel Beato, *sommelier* do Fasano, garante a qualidade dos inúmeros rótulos que compõem também as cartas dos restaurantes do grupo.

Expand
(11) 4613-3333
www.expandgroup.com.br

• Maior importadora de vinhos do país. Há 30 anos no mercado. Diversas ofertas entre as melhores opções.

Floresta Bebidas & Eventos
(11) 3801-4446
(11) 3801-1828
www.florestabebidas.com.br

• Oferece também infraestrutura de bar, com garçons treinados para fazer os melhores drinks.

Grand Vin
(11) 3672-7133
(11) 3045-9888
www.grandvin.com.br

Help Bar
(11) 3032-4450
www.helpbar.com.br

Jallas Bebidas
(11) 3842-9985
www.jallas.com.br

• Sistema de entrega 24h e boa equipe de consultoria são o diferencial da empresa.

Kylis Vinhos
(11) 3825-4422
www.kylisvimnhos.com.br

La Bouche
(11) 6244-2906
la.bouche@uol.com.br

La Dorni
(11) 5077-2467
www.sobrieta.com.br

La Reserve
(11) 3897-2281
(11) 8102-5967

LVMH Vinhos e Destilados
(11) 3062-8388
(11) 3088-3148
www.moet.com

Makor
(11) 5505-7287
(11) 5505-3768
www.makorvodkas.com.br

• Vodkas de altíssima qualidade genuinamente originárias das regiões mais tradicionais da Rússia. Representante oficial do grupo Zao Veda no Brasil.

Maktub Bebidas
(11) 3832-6022
www.maktubbebidas.com.br

• Ajuda a fazer os cálculos de custo e reposição de bebidas, fundamentais na elaboração do seu evento.

Marilda Importados
(11) 5686-3833
www.marildaimportados.com.br

Mistral
(11) 3372-3400
www.mistral.com.br

Qualimpor
(11) 5181-4492
www.qualimpor.com.br

Salton
(11) 6959-3144
www.salton.com.br

Samir Bebidas
(11) 2276-2105
www.samirbebidas.com.br

• Oferece várias opções em todos os tipos de bebidas. Consignação, consultoria e logística de qualidade.

The Canter
(11) 3071-3055
(11) 3074-5454

Vinalia
(11) 3872-3227
(11) 3872-5861
www.vinalia.com.br

Wine House
(11) 3071-2900
www.winehouse.com.br

World Wine
(11) 3085-3055
(11) 3315-7477
www.worldwine.com.br
• Produtos exclusivos, boa referência para os vinhos franceses da região de Bordeaux.

GELO

MINAS GERAIS

Chantigel
(31) 3464-1148

Frigogel/Geloso
(31) 3464-8484

RIO DE JANEIRO

AB Gelo
(21) 2293-7578
(21) 2273-1878

Barra Gelo
(21) 2495-5434
(21) 3139-5032
renata@barragelo.com

Gelo e Chopeiras JB
(21) 2269-0132
jbaraujo@click21.com.br

Gelo Flor Real
(21) 2539-5422
dandaflor@hotmail.com

Gelótimo da Barra
(21) 2484-2970
(21) 2484-2924
gelotimo@oi.com.br

Petrogelo
(24) 2222-7348

Pinguim Sul
(21) 2274-3346

Sol da Manhã
(21) 2259-3593
(21) 2529-2660

Universidade do Gelo
(21) 2557-0476
brunoterceiro@hotmail.com

SÃO PAULO

Bon Gelo
(11) 4186-1166
www.bomgelo.com.br

Diskgelo
(11) 8424-9198
(11) 7321-9884
www.diskgelo.com
fale@diskgelo.com

K-Gelo
(11) 3831-0646
(11) 3641-7013
www.kgelo.com.br

BOLOS, DOCES, CHOCOLATES E BEM-CASADOS

BOLOS

DISTRITO FEDERAL

Amor à Torta
(61) 3347-9374

Herrera's Bolos e Doces
(61) 3443-7086
(61) 3443-5992
www.herreras.com.br

Maria Amélia
(61) 3366-4910
(61) 3366-1147
www.mariaameliadoces.com.br

Marina Bolos e Doces
(61) 3468-4036
(61) 3468-2895
www.marinabolosedoces.com.br

Sonhomeu
(61) 3231-1708
(31) 3231-1708
www.sonhomeuchocolates.com.br

Sweet Cake
(61) 3366-3531
(61) 3366-3989

Zenaide Bolos
(61) 3468-2525
(61) 3468-4508

MINAS GERAIS

Alfenim Confeitaria Artística
(31) 3335-0614

Atelier By Tati - Bolos Artísticos
(31) 3273-1837
tati03@zaz.com.br

Atelier do Bolo Conceição
(31) 3432-4374
(31) 9119-0375
brunoesj@ig.com.br

Confeitar
(31) 3334-9884
www.confeitar.mhx.com.br

Delícias Di Casa
(31) 3313-8008
(31) 9116-3151
martyeloow@yahoo.com.br

Elisa Castro Confeitaria
(31) 3225-1470
maria.elisa.castro@terra.com.br

Flávia Nicácio
(31) 3284-8823
flavianicacio@terra.com.br

Le Chocolat
(31) 3227-6213
www.lechocolat.com.br

RIO DE JANEIRO

Ana Salinas
(21) 2572-5120
www.anasalinas.com.br
• Boleira moderna e talentosa.

Anna Maria Moraes Rego
(21) 2710-4003
(21) 8854-1944
ncmoraesr@superig.com.br
• Há sete anos fazendo bolos de casamento com dedicação e carinho. Os clientes costumam se tornar amigos.

Bolo de Rolo
(21) 2241-1405
(21) 9321-8249
• Típico bolo do Recife, muito apreciado nas festas em casa.

Carla Caribé da Rocha
(21) 2552-8020
(21) 9315-5518
gingerbreadland@attglobal.net
• Carla faz lindas casinhas tipo "João e Maria" decoradas de balas e chocolates, com aquela massa especial.

Celina
(21) 2570-1692
• Massa tipo pão-de-ló. Recheio de baba-de-moça com nozes, faz sucesso.

Denise Cristina Atelier
(21) 3328-9272
(21) 9991-2403
www.denisecristina.com.br
• Mãe e filha fazem lindos bolos personalizados a partir de fotos.

Dione Menezes Tambeiro
(21) 2274-2509
(21) 8141-8510
nery.dioe@ig.com.br
• Bolos e mini-bolos para qualquer ocasião.

Dirce Correa Bolos
(21) 2236-7859
dirceadcorrea@terra.com.br

Dona Quininha bolos e doces
(21) 2535-4671
• Há sete anos sua filha Penha segue fazendo as receitas de bolos maravilhosos que sua mãe deixou de herança.

Eliana Pinho Bolos e Doces
(21) 3366-5597
(21) 9433-4482
elianadpinho@oi.com.br
• Bolos para casamentos e festas de 15 anos.

Fernando Pedrosa
(21) 2238-9169
(21) 9607-0695
nalfano@terra.com.br
• Bolos para todo o tipo de evento.

BOLOS

Iclea Silva Bolos
(21) 2577-6287
(21) 9571-7224

Livete Daflon
(21) 2618-0430
livetedaflon@bol.com.br

• Trabalha com todos os estilos e diversas opções de recheios.

Luiza Fernandes
(21) 2538-0389
(21) 2527-5745
artebolo@yahoo.com.br

• Bolos confeitados com panos, laços e rendas de açúcar. Lindos!

Margarida Olivieri Pereira
(21) 2558-9936
(21) 2205-0353

• Há 50 anos seus bolos com recheios de nozes agradam a alta sociedade.

Maria Angela Sahione – Boneca
(21) 2667-8193
(21) 9913-8719
fernadasahione@globo.com

• Lindos bolos em estilo clássico. Não gosta de acompanhar modismos.

Maria Cristina Silva
(21) 2539-0643
(21) 2539-0769

• Trabalha desde os 15 anos com sua mãe, dona Cotinha. Recheios diversos.

Mariângela Gravatá
(21) 2522-1238

• Refinados e originais bolos e mini-bolos. Desenhos diversos confeitados.

Nilce Laércio
(21) 2232-1137
(21) 2232-5565
be.pires@terra.com.br

• Fazendo bolos românticos ou engraçados desde 1964.

Regina Rodrigues
(21) 2275-3320
(21) 9634-7644
regicake@dh.com.br

• Esta *cake designer* faz verdadeiras obras de arte com recheios deliciosos.

Renata Almeida
(21) 2542-2407
(21) 9607-0881
www.renataalmeida.com

• Ela faz lindos bolos simples ou elaborados, conforme o desejo do cliente.

Rosangela & Garcia
(21) 2714-2192
(21) 9342-1652
rosangelaegarcia@yahoo.com.br

• Conhecidos no mercado de festas, sempre criativos e competentes.

Rosely Bonfante
(21) 2235-4189
(21) 2547-5502
www.roselybonfante.com.br

• Banqueteira de Juiz de Fora com grande clientela no Rio de Janeiro. Muito talentosa.

Rosinha
(21) 2569-3408
(21) 9859-1372

• Há 25 anos no mercado. Tem uma grande clientela fiel.

Tania e Leonardo
(21) 2446-3357
(21) 9399-2753
taniaeleonardobolos@uol.com.br

• Dupla de sucesso.

Tania Sabaia
(24) 2242-9293
(24) 9901-8864
taniasabaia@taniasabaia.com

• Lindos e deliciosos bolos em Petrópolis.

Todas Tortas
(21) 3204-4655

• Tamara Wilson é *patissier* de formação. Jovem e talentosa, aceita pedidos com dois dias de antecedência.

Vera Andrade
(21) 2576-8851
(21) 9151-9922
vera.andrade@globo.com
• Lindos bolos de casamentos com três camadas de recheios. Sucesso no Rio de Janeiro.

SÃO PAULO

Cake Studio
(11) 3727-2577
www.cakestudio.com.br
• Vivian Mecchi decora seus bolos com pasta americana. Os recheios mais concorridos são os de creme de nozes, geléia de damasco, doce-de-leite e baba-de-moça.

Carol Buarque Cake & Design
(11) 3887-2778
www.carolbuarque.com.br
• Verdadeiras esculturas artísticas, os bolos têm recheios irresistíveis como ganache e brigadeiro branco.

Fifi Doces
(11) 3032-3812
www.fifidoces.com.br

Flávia Millás Cake Designer
(11) 4169-5532
www.flaviamillas.com.br

• Mais de 30 anos de experiência em doces e bem-casados.

Giuliana Cupini
(11) 5051-8318
www.giuliana cupini.com.br
• Seu carro-chefe é o bolo mesclado com massa de pão-de-ló, recheio de brigadeiros e chocolate ao leite.

Le Bolo
(11) 5063-2525
www.lebolo.com.br

Le Malu
(11) 5044-9444
www.lemalu.com.br

Lílian e Andréa
(11) 3857-0039
(11) 3673-8054
lapersonalcakes@ig.com.br

Luana Massi Bolos e Doces
(11) 3044-0421
www.luanamassi.com.br
• A formação culinária francesa e inglesa determina a originalidade da criadora do envelope de damasco com brigadeiro branco.

Mara Mello
(11) 3079-3228
www.maramello.com.br

Maria Irailes Bolos
(11) 5641-5887
www.bolosdecorados.com.br
• Bolos, mini-bolos e muffins, tudo super bem feito.

Rachel Cristina
(11) 6745-5561
(11) 9372-8693

Seli Rigazzi
(11) 3501-6065
(11) 3744-3514
www.selirigazzi.com.br

Simone Amaral Gastronomia
(11) 4614-6782
www.simoneamaral.com.br
• Atualizada com as tendências européias e americanas, seus doces são a delícia de grande parte dos eventos paulistas.

Sucra Atelier de Açúcar
(11) 3045-0949
www.sucra.com.br
• Daniela Jafet, diplomada pelo Le Cordon Bleu, e a *designer* Camila Coutait modelam bolos e doces com grande primor.

Wayne Ferreira
(11) 9631-7654
www.wayneferreira.com.br

BOLOS

DOCES

DISTRITO FEDERAL

Alessandra Lazzarini
(61) 3034-2277
(61) 3248-7384
www.alessandralazzarini.com.br

Arte em Açúcar
(61) 3234-1475
(61) 9987-1875
arteemacucar@yahoo.com.br

Ateliê de Doces
(61) 3427-0288
(61) 8405-8848

Fabiana Ferreira
(61) 3381-9718

Flávia Labecca
(61) 3364-0007
(61) 8116-5130
www.flavialabecca.com.br

Herrera's Bolos e Doces
(61) 3443-7086
(61) 3443-5992
www.herreras.com.br

Maria Amélia
(61) 3366-4910
(61) 3366-1147
www.mariaameliadoces.com.br

Marilene, Quindins e Suspiros
(61) 3368-6537
(61) 9964-6010

Marina Bolos e Doces
(61) 3468-4036
(61) 3468-2895
www.marinabolosedoces.com.br

Tutas Doceira
(61) 3326-8421
(61) 3326-1491

MINAS GERAIS

Confiserie du Chocolat
(31) 3291-4726
www.confiserie.com.br

Eduarda Ballesteros Doces Finos
(31) 3284-5955
eduardabegazo@yahoo.com.br

Solange Lopes Patisserie
(31) 3293-3597
www.solangelopes.com.br

RIO DE JANEIRO

Alda Maria
(21) 2242-4233

• Doces portugueses feitos em sua família há 30 anos. Toucinhos do céu, dons Rodrigos, encharcados e fatias de Braga.

Artes em Açúcar
(21) 3328-9272
(21) 9991-2403
deniselousa@hotmail.com

• Como diz o nome, Denise faz de fato arte com açúcar.

Barriga de Freira
(21) 2557-4076
(21) 8792-2202
barrigadefreira@terra.com.br

• Doces conventuais portugueses.

Claudia Lessa
(21) 2576-5707
(21) 9952-8599

• Seus bombons trufados são deliciosos. Encomenda, no mínimo, de 100 unidades.

Denise do Rego Macedo
(21) 2274-7496
(21) 9226-9202

Doçuras da Sonia
(21) 2671-4140
(21) 2671-2775
doçuradasonia@hotmail.com

• Sonia faz doçuras para qualquer tipo de festa, com modelos de doces formais, informais, temáticos e muito mais.

Dorith
(21) 2508-6778

• Cascas de frutas cristalizadas. Todas as frutas plantadas por ela. Além de delicioso, fica lindo em qualquer mesa de chá ou café. A de laranja é ótima.

Eduarda Ache
(21) 2294-2285
eduarda_ache@hotmail.com

• Faz 12 tipos de sobremesas. Seu carro-chefe é a Zucotto, um escândalo de tão boa!

Ema
(21) 2551-0903

• Fondados e caramelados em qualquer quantidade. Doces com nomes escritos. Dependendo do pedido, aceita encomenda até de véspera.

Factory The Real Bakery
(21) 2487-3789

• Tortas típicas americanas.

Flora Nigri
(21) 2553-1344
(21) 9375-0789
floraw@terra.com.br

• Seus doces orientais se tornaram uma especialidade.

Heloísa Andrade
(21) 2226-7761
(21) 8654-7761

• Cheesecakes são sua especialidade. Aprendeu nos EUA e trouxe para o Brasil com sucesso.

Hodenise de Carla
(21) 3392-0894
(21) 9956-6967

• Cozinheira de mão cheia, porém seu forte são os doces fondados, caramelados e bem-casados com recheios diversos.

Jô Doces Finos
(21) 2712-5998
(21) 2604-4474

• Verdadeiros trabalhos de arte na decoração de seus doces. Há 18 anos no mercado.

Louzieh Doces Finos
(21) 2551-2220
www.louzierdoces.com.br

• Doces decorados com esmero e beleza. São lindos!

Lúcia Torres Pereira
(21) 2549-5443

• Os merengues recheados de doce de ovo e depois levados ao forno são um escândalo. A Lúcia os prepara há mais de 20 anos.

Luciana Lessa Costa
(21) 2295-1128
(21) 9961-2178

• Chuviscos e fios de ovos da melhor qualidade.

Luiza Helena Lulianelli
(21) 2289-8636

• Os doces fondados são seu carro-chefe.

Os caramelados também são muito bons.

Marcia Krul Noivinhos de Bolo
(21) 3272-8782
(21) 9918-3523
mkrul@ig.com.br

Maria Wilde
(21) 2711-0924

• Os doces e bolos de Maria são decorados, arrumados em bandejas e fazem muito sucesso no Rio há 20 anos.

Monica S. Sampaio Verdial e Manuela Arraes
(21) 2556-3460
(21) 2556-6141

• Doceiras portuguesas fazem os melhores doces conventuais portugueses. Atenção à barriga de freira!!

Nancy Doces de Ovos
(21) 2613-0177
(21) 9977-8895

• Dona Nancy é uma craque em ninhos e fios de ovos. Venda a quilo.

Nelson Mattos
(21) 2571-5746
(21) 9968-0618

Pamela Jean-Croitorou
(21) 2537-0390
(21) 9966-5094
pampamjean@hotmail.com

• As trufas de maracujá são sua especialidade. Os pães de mel e *madeleines* são deliciosos.

Penha - Quininha Bolos e Doces
(21) 2535-4671
donaquininha@gmail.com.br

• Seus doces caramelados dissolvem na boca.

Poft Cookies
(21) 2507-4422
poft@poftcookies.com.br

• Miniaturas de brownies, muffins, tartelettes de frutas e cookies *"fresh baked"* que saem direto do forno para o consumidor.

R&R Delícias
(21) 2564-7101
www.rrdelicias.com.br

• Raquel e Sergio Pontes, no mercado há 12 anos, produzem doces finos para todos os tipos de eventos.

Regina Montelo
(21) 2539-2246
(21) 9985-0959

• A grande maioria dos casamentos do Rio tem seus doces finos. Consagrada no mercado de festas. Ótimos bem-casados!

Regina Sternberg
(21) 2549-6492
(21) 9452-1432

• Vem de uma família especializada em merengues. São divinos! Prima de outra especialista, Lucia Torres, que também está no guia.

Rosangela Loureiro
(21) 2539-3422
www.rosangelaloureiro.com.br

• Balas de coco que derretem na boca, brigadeiros deliciosos, tudo muito gostoso.

Socorro e Rita
(21) 2287-9487
(21) 2522-5088

• As doceiras fazem o *fluden*, doce judaico obrigatório nos casamentos judaicos. Traz felicidade e prosperidade.

Solange
(21) 2267-7112

• Tortinhas tipo pavê de diversos sabores. As de damasco com cobertura de *pralliné* de amêndoas, são ótimas!

Stela Meirelles
(21) 2256-8547

• As balas de ovos da dona Stela derretem na boca há 15 anos.

Vera Buarque
(21) 3322-4389

• Os quindins da Vera são molhados e deliciosos.

Vitoria
(21) 2257-1630

• Os chuviscos são o carro-chefe desta doceira.

Vlady Dassa
(21) 2235-7440
(21) 9678-2649

• Buquês comestíveis de marzipã.

Zizi Farias
(21) 2267-6813
(21) 8151-6830
zizifaria@globo.com

• Pastéis de santa Clara deliciosos embrulhados em renda. Lindos!

SÃO PAULO

Doceira Húngara
(11) 3813-3710
(11) 3812-4602
doceirahungara@uol.com

Fabíola Toschi
(11) 3865-8258
www.fabiolatoschi.com.br

Fabric du Sucre
(11) 3743-5328
(11) 9628-0799

• Usa como ingredientes os famosos chocolates belgas, doce-de-leite e damascos.

Felice e Dulce
(11) 3743-6187

Fernanda Ribeiro
(11) 3815-3757
www.bolachasdecoradas.com.br

Frutos da Amazônia
(11) 5571-4738
(11) 5572-9104
www.frutosdaamazonia.com.br

Isabella Suplicy Homemade Sweets
(11) 3726-1894
www.isabellasuplicy.com.br

• Conhecida em São Paulo como doceira de mão cheia. Bolos artísticos requisitados para as celebrações mais badaladas.

Juliana Coutinho Patisserie
(11) 3819-2882
www.jucoutinho.com

• Influência francesa na preparação dos bolos e doces. Juliana possui diplomação pelo Le Cordon Bleu.

Kland's Stores
(11) 3812-4905
www.kland.com.br

La Passione Doces Finos
(11) 6121-3992
www.lapassionedoces.com.br

La Vie en Douce
(11) 3088-7172
www.lavieendouce.com.br

• Bolos personalizados e especialidades como o santo Antônio, com coco, amendoim e chocolate.

Le Chef Rouge - Chez Vous
(11) 3081-7539
www.chefrouge.com.br

Le Malu Ateliê de Bolos e Doces
(11) 5044-9444
www.lemalu.com.br

• Tradição familiar inspiram Manuela e Helena Durães na execução de doces e bolos deliciosos.

Le Vin Patisserie
(11) 3063-1094
patisserie@levin.com.br

Lucita Haddad Arte em Doces
(11) 3846-9316

• Especializou-se nos EUA e na Europa e conquistou há pouco mais de três anos o mercado de doces finos e bolos.

Mago
0800-121192
(11) 3781-3272
www.mago.ind.br

Mara Mello Patisserie
(11) 3079-3228
(11) 3071-3770
www.maramello.com.br

• *Macarron* de café e oval de damasco com ganache de chocolate enfeitam as muitas opções requintadas de Mara Mello.

Maria Beatriz Andrade
(11) 3031-0431

Mariage
(11) 3706-5252
(11) 3706-5211
www.emporiosantamaria.com.br

Mariza Chuairi Doces
(11) 3815-6699
www.marizadoces.com.br

• Quarenta anos de tradição apresentam Mariza, suas filhas e sobrinha como grandes doceiras paulistas. Famosas pelo camafeu de nozes e bombons de tangerina, entre outras criações.

Nina Veloso
(11) 3032-6453
(11) 9309-6684

Nininha Sigrist
(11) 3064-5400
www.nininhasigrist.com.br

• Grande conhecimento na confecção de doces finos. Famosa pelos seus recheios de gianduia e avelã, além do brigadeiro com crocante de amêndoas.

DOCES

Pati Piva
(11) 3841-3018
(11) 3758-1174
www.patipiva.com.br
• Esta doceira envia seus doces para os mais requintados casamentos do país.

Peppermint Place
(11) 3082-5471
www.peppermintplace.com.br

Regina Stigliano
(11) 6950-8356
(11) 6975-2502
www.reginastigliano.com.br

Tereza Nigri Doces
(11) 3262-2056
www.terezanigri.com.br
• Bombom de tâmara com chocolate e de damasco com creme branco com visual diferenciado.

Vera Villela Doces
(11) 3726-5857
www.veravillela.com.br
• Cheia de especialidades, atende aos pedidos dos seus clientes em grande estilo.

CHOCOLATES

DISTRITO FEDERAL

Herrera's Chocolates Finos
(61) 3443-7086
(61) 3443-5992
www.herreras.com.br

MINAS GERAIS

Chocoheart
(31) 3484-5846
www.chocoheart.com.br

Cléo Gifts e Chocolates
(31) 3344-2123
www.cleocestas.com.br

Confiserie du Chocolat
(31) 3291-4726
www.confiserie.com.br

Le Chocolat
(31) 3227-6213
www.lechocolat.com.br

Projeto Doce
(31) 3261-1350
www.projetodoce.com.br

Sonho de Trufa
(31) 3486-0702
(31) 9144-2656
sonhodetrufa@yahoo.com.br

RIO DE JANEIRO

Alice Scarpa Brigadeiros
(21) 2292-5946
(21) 9691-2417
alicescarpa@hotmail.com
• Brigadeiros brancos e pretos que derretem na boca.

Bel Trufas
(21) 2239-2538
(21) 9963-4259
• Além de trufas que podem vir em saquinhos, Bel faz mini-bolos, *brownies* e biscoitos confeitados.

Beth Garber
(21) 2556-6353
• Há 17 anos é uma especialista superconceituada. Cria o que se possa imaginar em chocolate.

Cacau e Carinho
(21) 2717-3737
(21) 8151-3737
www.cacauecarinho.com.br
• São mais de 50 os sabores que Regina Lentino fabrica para você. As mesas temáticas feitas de chocolate ficam lindas. Só atende com hora marcada.

Cacau Noir
(21) 2431-5166
(21) 9621-0006
cacaunoir@cacaunoir.com.br
• As trufas são ótimas.

Vendem seus bombons a quilo.

Cascata de Chocolate
(21) 2247-9476
(21) 9713-0185
cascatadechocolate2007@hotmail.com

• Muito em moda as cascatas de chocolate. Todos adoram.

Chez Bombom
(21) 3860-6161
(21) 2521-4243
chezbombom@chezbombom.com.br

• Elvira e Solange Witgen aprenderam a fazer seus deliciosos chocolates no exterior. Os de bebida como capuccino e Cointreau são divinos.

Chocodeli
(21) 2259-3825
vendas@chocodeli.com.br

• Tudo que se possa imaginar de chocolate eles fazem, inclusive brindes e lembranças personalizados.

Chocolate Fountain
(21) 2499-5811
(21) 8129-9366
www.fountainchocolate.com.br

• Ana Clara e Fernanda desde 2004 encantam seus clientes com sua fonte de chocolate e outras guloseimas.

Cioccolateria
(21) 7834-7808
www.cioccolateria.com.br

Eu amo chocolate
(21) 2442-0348
(21) 7822-1201
www.euamochocolate.com

• Seu carro-chefe são as famosas fontes de chocolate.

Fabiana Dângelo
(21) 3322-4570
(21) 8112-5815
www.docesdangelo.com.br

• Destaque para os brigadeiros crocantes da melhor categoria.

Frances Chocolate
(21) 2548-9301
frances@francescholate.com.br

• Nos casamentos mais badalados da cidade sempre nos encantamos com seus chocolates.

Le Chocolat
(21) 2258-5127
www.lechocolatbrasil.com.br

• Maria Manuela Fernandes se especializou em chocolates depois de adquirir o hábito de comer chocolate na baguete. Atenção para os copinhos de chocolate recheados.

Lúcia Barreto
(21) 2522-4804
(21) 9669-2209

• Faz, artesanalmente, deliciosas trufas de chocolate branco e preto.

Nice Chocolates
(21) 2274-4011
(21) 9169-7349
www.nicechocolates.com.br

• Produtos elaborados a partir de excelente matéria-prima. São lindos os seus chocolates.

Nobless Cacau
(21) 2256-5249
(21) 2548-9400

• As tartelettes de trufas de limão e as trufas de maracujá e de limão são seu carro-chefe.

Rozinha Bines
(21) 2274-5314
(21) 9971-3371
www.rozinhabines.com.br

• Doces de formas e modelos exclusivos que são renovadas todos os anos. Ela só usa chocolate belga.

Sweet Place – Chocolat
(21) 3322-1522
(21) 9648-9244

SÃO PAULO

Callebaut
(11) 3071-2831
(11) 3071-2834
www.barry-callebaute.com

Cascata de Chocolate Mr.Fondue
(11) 5505-2939

Celui Ci
(11) 3044-7544
celuici@uol.com.br

Chocolat du Jour
(11) 3168-2720
www.chocolatdujour.com.br

Chocolateria Paulista
(11) 3731-6480
(11) 9982-3118
www.chocolateriapaulista.com.br

Chocolaterie Artisanale
(11) 3655-3918
(11) 9154-7282
www.rose-ricardo.com.br

Crismel - Chocolates Personalizados
(11) 5081-2841
www.crismel.com.br

Fábrica de Chocolates
(11) 4612-2983

Fe Chocolats
(11) 3064-6886
www.fechocolats.com.br

• Fernanda Jereissati possui o diploma do Le Cordon Bleu, entre outros. Paixão em forma de chocolates.

Fernanda Pacheco
(11) 3051-7921
(11) 9963-7331

Les Marrons By Fifif
(11) 3031-5273
(11) 3032-3812
www.fifidoces.com.br

Nestlé - Food Services
0800-770176
www.nestlefoodservices.com.br

Sweet Brazil Chocolates
(11) 3842-0006
www.sweetbrazilchocolates.com.br

• Marzipã, *marshmallow* e caramelo com avelã são alguns dos ingredientes que diferenciam esse trabalho em chocolates.

BEM-CASADOS

MINAS GERAIS

Eduarda Ballesteros Doces Finos
(31) 3284-5955
eduardabegazo@yahoo.com.br

Flávia Nicácio
(31) 3284-8823
flavianicacio@terra.com.br

Nacozinha – Bem-Casados
(31) 3313-9823
www.nacozinha.telcomp.com.br

Tête Meirelles
(31) 3327-4731

RIO DE JANEIRO

Ângela Santos Bem-Casados
(21) 2569-6166
(21) 8899-6269
angela.bemcasados@gmail.com

Elvira Bona – Bem-Casados
(21) 2236-7853

Elvira Lopes
(21) 2486-9864
(21) 8879-0100
elvirabls@hotmail.com

Fátima Moraes Bem-Casados
(21) 2494-6501
(21) 9978-5940

Ilze Cunha – Bem-Casados
(21) 2417-5580
(21) 9837-4690
ilze.cunha@zipmail.com.br

Ligia Bem-Casados
(21) 2265-8469

Marcia Fontaine
(24) 2231-8584
(24) 8814-7814
marciafontaine@oi.com.br

Maria Alice Halfin
(21) 2539-1144

Nieta Bem-Casados
(21) 2256-0252
nietabemcasados@yahoo.com.br

Regina Montelo
(21) 2539-2246
(21) 9985-0959
rmfesta@suoerig.com.br

SÃO PAULO

Bel Bem-Casados
(11) 5052-8592

Conceição Bem-Casados
(11) 3057-3505
www.conceicaobemcasados.com.br

Emilia Bem-Casados
(11) 5565-3025
(11) 5677-7641
www.emiliabemcasados.com.br

Fabíola Toschi
(11) 3865-8258
www.fabiolatoschi.com.br

Jenifer Bresser
(11) 3755-0282

Maria Beatriz Andrade
(11) 3031-0431

Rachel Cristina
(11) 6745-5561
(11) 9372-8693

Zulmira Bem-Casados
(11) 4137-4676

BUQUÊS, GRINALDAS E TIARAS

DISTRITO FEDERAL

Flores com Arte
(61) 3036-4259
www.florescomarte.com.br

Talento
(61) 3248-7700
www.talentojoias.com.br

MINAS GERAIS

Danielle Benício
(31) 3264-0153
www.daniellebenicio.com.br

Denise Villaça Designer de Cabeças
(31) 3225-6200

Glaucia Collection
(31) 3297-9548
(31) 3477-9469

Ideasposa Noivas
(31) 3234-0600
www.ideasposa.com.br

Maria Hercília Bouquet
(31) 3342-1378
www.mariahercilia.com.br

Mônica Amaral Jóias
(31) 3293-0790

Pedro Muraru
(31) 3291-0076

Talento Grinaldas e Jóias
(31) 3071-4600
(31) 3227-4400
www.talentojoias.com.br

RIO DE JANEIRO

Ailton Decorações
(21) 2570-3218
(21) 9954-9354
www.ailtondecoracoes.com.br

• Faz lindos buquês há mais de 20 anos.

Angela Silveira
(21) 2275-7982
(21) 9135-2676
angelasilveira@superig.com.br

• Seus buquês são tratados com técnicas de hidratação para que resistam por mais tempo.

Edla Barros
(21) 2572-7546
(21) 9975-3161
www.edla.barros.nom.br

• Do Recife, trouxe a habilidade de transformar flores em lindos buquês de noiva.

Jefferson Viana
(21) 2518-7386
(21) 9807-2212
jefferson-viana@oi.com.br

• Mestre em grinaldas e tiaras, dá boas dicas sobre o que está mais em moda.

Maria Augusta
(21) 2537-1464
juniadebe@hotmail.com

• Suas grinaldas, tiaras e braceletes são verdadeiras jóias.

Monica Barbio
(21) 9974-9438
monicabarbio@hotmail.com

• Faz lindas grinaldas tradicionais.

Sonia Andrade de Lima
(21) 2611-3956
(21) 9913-9600
www.sonia.al.nom.br

• Possui mais de 400 peças para todos os tipos de cerimônia.

SÃO PAULO

Aparecida Helena Flores
(11) 3078-6204

• Faz buquês, grinaldas e até a decoração da igreja.

Beco das Flores
(11) 3088-1544

• Buquês de todos os tipos. Também faz a decoração de flores da igreja combinando com o buquê.

Daisy e Ruth
(11) 3812-4115
www.daisyeruth.com.br

• Há 12 anos fazendo grinaldas, arranjos e chapéus. Também tem peças prontas.

Escarlate Flores e Design
(11) 3064-9535
www.escarlateflores.com.br

• A dupla Roberto Pena e Lúcio Vieira fazem lindos buquês, são mais de 200 modelos.

Estúdio Vintage
(11) 3082-5466

• Em São Paulo todos conhecem e aprovam.

Laís Mota Grinaldas
(11) 3088-9102
www.laismota.com.br

• Há 26 anos tem essa loja com mais de 400 tipos de grinaldas. Venda e aluguel.

Regimille
(11) 3326-0796
www.regimille.com.br

Sabrina Chapéus e Grinaldas
(11) 5055-9177
www.sabrinachapeus.com.br

• Há 27 anos alugando chapéus e grinaldas. Também faz primeiro aluguel.

CERIMONIALISTAS

DISTRITO FEDERAL

Alexandre Garcia
(61) 3328-0187
(61) 3328-0187
mercury@terra.com.br

Alvaro Pereira
(61) 3223-0043
apcomunicacao@apcomunicacao.com.br

Carolina Assessoria e Cerimonial
(61) 3327-0897

Cerimonial Brasília
(61) 3367-5682

Cerimonial Festas
(61) 3366-3810
(61) 3366-3812

Cerimonial Magno Chaves
(61) 3242-5698

César Serra & Renato Nunes
(61) 3641-0107

Classe A
(61) 3272-4504
classeacerimonial@bol.com.br

Cristian de Brytto
(61) 3963-1682
(61) 8185-0205
brytto@pop.com.br

Cristina Gomes
(61) 3248-6281
(61) 9919-6633
cristinacerimonial@terra.com.br

Ênio Cursino
(61) 9975-1229
eniocerimonial@globo.com

Gláucia Machado
(61) 9962-9394
glauciacm@hotmail.com

Lys Societá
(61) 3248-2489
(61) 3248-7521
www.lys-societa.com.br

Marcelo Pimenta
(61) 33453461
(61) 3346-6956
cerimonial_marcelo@hotmail.com

Nilson Gonçalves
(61) 3468-1414
(61) 3577-4477
avozdebrasilia@gmail.com

Paulino Cerimonial
(61) 3367-5964
(61) 9981-9681
p.cerimonial@uol.com.br

Paulo Augusto
(61) 3568-4488
(61) 8477-8529
pauloafb@uol.com.br

Ragadzza Cerimoniais
(61) 3597-2791
(61) 8439-8817

TJC
(61) 3346-3504
(61) 3345-6686

V&M Cerimonial
(61) 3345-3461

MINAS GERAIS

A Green House Eventos
(31) 3075-9723
(31) 9629-7232
www.gheventos.com.br

A Promoter Cerimonial
(31) 3293-2912
(31) 8451-1250
www.promoters.com.br

Amais Produtora Cerimonial
(31) 3286-5229
(31) 3286-5380

Artfas Cerimonial
(31) 3292-5552
www.artfas.com.br

Casal Ecchi Promoções e Eventos
(31) 3492-5968
(31) 8724-1041
casalechipe@gmail.com

Cia. Mineira de Eventos
(31) 3492-3816
(31) 8797-2797
ciamineiradeeventos@yahoo.com.br

Mariângela Lima
(31) 3281-2779
www.mariangelalima.com.br

Masiero Cerimonial e Eventos
(31) 3378-2016
keyllateixeira@terra.com.br

Tris Cerimonial e Eventos
(31) 3264-5906
(31) 9972-0015
www.triseventos.com.br

Victory Eventos
(31) 3337-8118
www.victoryeventos.com.br

MARIÂNGELA LIMA
Minas Gerais

Mariângela Lima é uma das maiores personalidades festeiras de Minas Gerais. Esse sucesso se explica pela comprovada competência e versatilidade profissional que faz com que seja assediada por clientes dos quatro cantos do país.

Sabe organizar eventos comerciais e sociais, sempre lançando moda e inventando novos espaços para a sua realização. Sua empresa, a Mariângela Lima Promoções e Eventos, em cena há 15 anos no mercado de festas, é responsável pelos eventos que mais receberam destaque na mídia nos últimos anos.

"Produzindo e organizando minhas próprias festas, quando recebia toda a sociedade de Belo Horizonte, fui ganhando credibilidade. Minha empresa é hoje marca de qualidade na organização de qualquer evento. Muitos dos nossos clientes, inclusive, querem nossa logomarca impressa em seus convites."

Responsável pelos reveillons mais badalados do Brasil, realizados em Angra dos Reis, Mariângela fala com orgulho do seu trabalho: "A cada ano o reveillon é comemorado em uma ilha de Angra. Já fizemos a festa na ilha da Jipóia, na ilha dos Porcos Grandes, na Porto Marina I e na ilha do Arroz. A festa virou tradição e é a mais badalada do meio artístico, com a participação do jet set internacional. Recebemos sempre uma enorme cobertura jornalística."

Mariângela Lima, sempre em total sintonia com o gosto de seus clientes, é responsável pela realização de muitos sonhos. Após a montagem do orçamento, sua empresa trabalha com firmas terceirizadas muito competentes. "Temos parcerias de muitos anos. Quero evitar qualquer desgaste ou aborrecimento para mim e para meus clientes."

RIO DE JANEIRO

Adriana Mello
(21) 3978-1162
(21) 9934-8404
adrianamello.cerimonial@uol.com.br

Amarilis Vianna
(21) 2551-3040
(21) 9769-8827
www.amarillisviana.com.br

Ana Cristina Magalhães
(21) 2622-0955
(21) 9642-2695
magalhaeseventos@gmail.com

Ana Paula Figueiredo
(21) 2714-3995
(21) 9832-1887
apf.cerimonial@yahoo.com.br

Anna Carolina Werneck
(21) 7899-2467
www.annacarolinawerneck.com.br

Anna Crema
(21) 2259-3974
(21) 9912-7578
savcrema@ig.com.br

• Há 22 anos fazendo planejamento, organização e supervisão de festas e eventos.

Beth Kos
(21) 2236-1701
bethkos@uol.com.br

• Organiza eventos de diversos tipos.

Carla de Brito
(21) 2543-5993
(21) 2543-1244 r 1140
carla.brito@uol.com.br

Cerimoniale
(21) 2579-1679
(21) 9853-0242
www.cerimoniale.com.br

• Elegância com economia.

Cláudia Barros
(21) 3392-5985
www.claudiabarroscerimonial.com.br

Claudia Regina de Orleans e Bragança
(21) 2522-4640
(21) 9809-8630
claudia.regina.braga@terra.com.br

Elizabeth Winter
(21) 2522-3206
(21) 9113-5783
rpcw@ig.com.br

Gloria Pires
(21) 2218-9694
(21) 2218-9695
gloriapireseventos@hotmail.com

• Há 18 anos agradando aos seus clientes.

Helena de Brito e Cunha
(21) 2286-1604
britocunha@uol.com.br

• A mais tradicional das cerimonialistas do Rio. Atua no mercado há pelo menos 30 anos.

Janiques Cerimonial
(24) 9813-3433
janiques_cerimonial@yahoo.com.br

Judith Lips
(21) 2236-1377
(21) 9974-4722
www.judithlips.com.br

• Judith, há 33 anos no mercado, presta ótima assessoria e coordenação de eventos.

Lêda Guidry
(21) 2537-5570
(21) 9107-3216
ledaguidry@hotmail.com

Lucia Gershony
(21) 2512-9898
lucia@bluewhite.com.br

• Atuação responsável e versátil. Muito requisitada no Rio de Janeiro.

Maria Lourdes Lima Cunha
(21) 2717-2405
mllceventos@yahoo.com.br

Miriam Rubino
(21) 2274-4011
(21) 8117-4460
miriamrubino@yahoo.com.br

ROBERTO COHEN

Roberto Cohen esbanja experiência e bom humor nos seus 20 anos como cerimonialista.

Organizador de vários estilos de evento, tem um prazer especial na realização dos aniversários redondos, os de 30, 40, 50 anos, quando os convidados têm, em geral, a mesma idade. "Um público direcionado fica mais fácil agradar."

Em casamentos, ao contrário, Roberto se preocupa com as muitas idades e gerações diferentes, desde a dama de honra até a avó da noiva. "Nesse tipo de evento tem que haver um pouco de tudo para que todos se divirtam."

Ele lembra com alegria do casamento de Juliana Dale e Luíz Severiano Ribeiro, quando foram reinaugurados os salões do Copacabana Palace, depois de longa reforma. "Fiquei muito honrado com a oportunidade e tudo correu sem problemas. Este é o meu objetivo."

"Estou muito otimista. Festas são, cada vez mais, geradoras potenciais de empregos. Um evento de 500 pessoas mobiliza outros 500 prestadores de serviços. O número assusta, mas a verdade é que essa proporção é de 1 para 1."

Coordenar a operação da festa não é fácil. Cada erro chama mais a atenção do que 100 acertos. "Gosto de me inspirar numa frase que li no *Pequeno Príncipe*: 'O essencial é invisível aos olhos'."

Dicas de Roberto Cohen para organizar uma festa:

- Seja cortês com seus vizinhos, avisando com antecipação sobre a festa que vai acontecer. Esse respeito gera, normalmente, mais respeito e permite que eles também se organizem para não se incomodarem nesse dia.
- Em grandes festas de 15 anos é necessário manter uma ambulância à disposição. Cada vez mais, as novas gerações bebem sem qualquer limite ou restrição.

Patricia Allevato
(21) 3393-0972
(21) 9989-2171
www.patriciaallevato.com.br

Patricia Chermont
(21) 2275-0294
(21) 9242-3688
pchermont@uol.com.br

Ricardo Stambowsky
(21) 2257-1177
stambowsky@hotmail.com
• No Rio de Janeiro ele é considerado um dos melhores e mais completos. Suas festas são sempre impecáveis.

Roberto Cohen Cerimonial
(21) 2547-8826
(21) 9333 7593
cohencerimonial@terra.com.br
• Roberto faz o cerimonial de casamento como poucos. Um dos profissionais mais concorridos do mercado de eventos.

Rosa Maria Calil
(21) 2408-0044
(21) 9942-1018
thiago@rosamariacalil.com.br
• A competência e o requinte são o seu diferencial.

Rosana Dana
(21) 2227-6217
www.rosanadana.cerimonial.com.br

Rose Sadala
(21) 3325-0418
(21) 9999-1514
www.rosesadala.com.br
• Cerimonialista competente, muito conhecida na Barra da Tijuca.

Tania Muniz
(21) 2717-6353
(21) 9955-1439
taniafmuniz@yahoo.com.br

Thaís de Carvalho Dias
(21) 2294-0491
thesis@thesiseventos.com.br

Vera Perez
(21) 2256-4649
(21) 9911-3176
www.veraperezeventos.com.br

SÃO PAULO

Alto Estilo
(11) 6193-8511

Bábara Bortolini
(11) 9988-1862

Edson Rossi
(11) 6969-8357
(11) 9526-5137
• Elegância e bom gosto são sua marca.

Márcia Possik
(11) 3885-1554
www.marriages.com.br

Maria Helena Solfredini
(11) 7830-7551

Marina Bandeira
(11) 5092-3138
www.ateliereventos.com.br

Partié
(11) 3368-9477
www.partie.com.br
• Além de cerimonial, presta serviço de decoração de eventos.

Rosa Maciel
(11) 3884-5566

CLIMATIZAÇÃO, AROMATIZAÇÃO, GERADORES, BANHEIROS QUÍMICOS E *CONTAINERS*

Algumas firmas de climatização costumam fazer estes outros serviços que estão nesta seção, por isso reunimos estes prestadores de serviço para facilitar sua pesquisa.

DISTRITO FEDERAL

Cgcom – Climatização
(61) 3242-1340
www.cgcom.com.br

MINAS GERAIS

JAM Engenharia – Climatização
(31) 3264-2333
www.jamengenharia.com.br

Projemac – Geradores
(31) 3495-1539
www.projemac.com.br

Sancler Estrutura para Eventos – Banheiros químicos
(31) 3476-6000
www.sanclernet.com.br

Somtec – Geradores
(31) 3412-0737
www.somtec.com.br

RIO DE JANEIRO

Aromatizantes
(21) 2501-9343
www.aromatizante.com.br

Fermatec – Geradores
(21) 2589-4633
(21) 2589-5733
www.fermatec-rio.com.br

Locban – Banheiros químicos
(21) 2594-5578
(21) 7840-6317
info@locban.com.br

NHJ do Brasil – Containers
(21) 3094-4400
(21) 2590-8243
www.nhjcontainer.com.br

Rentv – Climatização
(21) 2541-8787
(21) 2541-3846
rentv@rentv.com.br

Sani Rio – Banheiros químicos
(21) 2687-1555
www.sanirio.com.br

Vésper - Ventiladores e exaustores
(21) 2560-4285
www.vesper.ind.br

SÃO PAULO

Clima System - Climatização
www.climasystem.com.br
• Atende a todo o Brasil.

Coberturas de emergência e banheiros químicos
www.coberturasdeemergencia.com.br

Colortel Sistemas – Climatização
0800-252872
www.colortel.com.br
• Atende a todo o Brasil.

Eurobrás – Banheiros químicos e *Containers*
(11) 2198-2066
www.eurobras.com.br

G.S. Locação – Banheiros químicos
(11) 5511-3097
(11) 5819-3797
www.gslocação.com.br

Florestas-Aromatização
(11) 6483-4683
www.florestas.com.br

Poit Energia – Geradores
(11) 4055-7648
www.poit.com.br

Poliservice – Climatização e Geradores
(11) 4341-6675
www.poliservice.com.br

COMIDINHAS

DISTRITO FEDERAL

Armazém do Brás
(61) 3374-3530

Belini Pães e Gastronomia
(61) 3345-0777

Brunela Delikatessen
(61) 3346-6424

Do Café ao Vinho
(61) 3033-8614

Empório da Cachaça
(61) 3349-2299

RIO DE JANEIRO

Alquimia dos Sabores
(21) 2495-1986
(21) 9766-1434

• Monica Morata fez curso na Itália. Hoje prepara pães, conservas, antipastos... Tudo uma delícia.

Aquim Boutique Gastronômica
(21) 2274-1001
www.aquimgastronomia.com.br

• Pequenos doces e canapés, do maior bom gosto e excelente sabor, embalados em lindas caixas. Atenção especial para os chocolates da Samantha.

Arosa Massas Folhadas
(21) 2521-2237
www.arosarj.com.br

• Tradicional casa de massas folhadas do Rio de Janeiro.

Artisan Suisse – Patês
(21) 2609-5346

• Espetacular *mousse* de *fois gras*.

Ateliê Culinário
(21) 2246-7207
(21) 2287-1194
www.atelieculinario.com.br

• Vera Saboya é simpática, criativa e há 12 anos vem encantando seus clientes.

Beijus – Katia Vita
(21) 2521-1129
kmvita@gmail.com

• Presente em todos os salões do Rio. Imperdível!

Brasserie Rosário
(21) 2518-3033
(21) 2518-3533
www.brasserierosario.com.br

• Pães e *petit fours* da melhor qualidade. Tudo feito à maneira francesa.

Bravo Gianni
(21) 2274-2649
(21) 2512-1135
bravogianni@uol.com.br

• Vários tipos de massas frescas, com ou sem recheio, muito bem feitas.

Café Botanica
(21) 2535-2465
(21) 8157-1744
carol.bisoni@terra.com.br

• Carol e Celina são fortes em *coffee break*. Também fornecem quitutes para outros banqueteiros.

Casa da Empada
(21) 2501-9933
www.casadaempada.com.br

• Empadinhas e empadões de todos os sabores.

Casa dos Sabores
(21) 2274-3595
(21) 2259-8150
www.casadossabores.com.br

• De tudo um pouco. Destaque para os queijos.

Casa Pedro
(21) 3852-6873
www.casapedro.com.br

• A mais completa casa de comidas árabes. Oferece todas as especiarias desta culinária.

Celeiro
(21) 2274-7843
www.celeiroculinaria.com.br

- As melhores e mais diferentes saladas do Rio de Janeiro. A especialidade da casa é a excelência dos produtos que usam em sua culinária, seu sabor é imbatível.

Centro Gastronômico Loft
(21) 2493-4577
loft_eventos@yahoo.com.br

- Diversas opções de comidinhas. Na Barra da Tijuca não existe quem não conheça e goste.

Chic Chicken
(21) 2259-7799
www.chicchicken.com.br

- Pratos de frango semiprontos e deliciosos.

Confeitaria Genova
(21) 2255-4224

- O carro-chefe é o biscoito de amêndoas.

Crêpes & Galettes Pascal Regnault e André Lemos
(21) 2579-0748
(21) 9169-5809
pascalregnault@netcourrier.com

- Excelentes crepes e galettes em sua casa.

Delicatessen Heinz
(21) 2294-5549
heinz@deliheinz.com.br

- Excelentes tábuas de sanduíches na baguete. Importados diversos.

Escargots – Otton Junqueira
(24) 2225-1637
(24) 2225-0923

- As entregas são feitas às segundas, quartas e sextas e os pedidos dois dias antes.

Escola do Pão
(21) 2294-0027
(21) 3205-7275
www.escoladopao.com.br
escoladopao@escoladopao.com.br

- A chef Clélia, formada pelo Le Cordon Bleu, faz *boulangerie* e *pâtisserie* da melhor qualidade.

Ettore
(21) 2493-5611
(21) 2493-6171
www.ettore.com.br

- Massas semi-prontas clássicas. Vende também pães de diversos tipos.

Garcia & Rodrigues
(21) 3206-4105
eventos@garciaerodrigues.com.br

- Festa em casa com comidinhas do Garcia é sucesso com certeza.

Geneal Cachorro Quente
(21) 2494-4441
www.geneal.com.br

- Tradicional cachorro-quente da cidade.

Instituto Salamanca
(21) 2558-1851
(21) 9954-0356
www.imds.org.br

- Doces de compota caseiros muito bons, preparados com cuidado especial.

Intissar Nader
(21) 2756-1271

- A libanesa Intissar, há um ano no Rio, produz esfirras, quibes de bandeja e folhas de uva leves em porções do tamanho ideal.

La Fábrica
(21) 2236-4684
(21) 2205-1006
www.lafabrica.com.br

- Sanduichinhos de pão de miga de diversos recheios, entregues em caixas.

La Veronese
(21) 2287-3244
(21) 2523-3490

- Tradicional no Rio de Janeiro, resolve as emergências de domingo a domingo. Massas gostosas.

Le Fromager
(21) 2493-9850
(21) 2486-3063
lojadoqueijo@ig.com.br

• Comidinhas de diversos tipos. Tábuas de queijos de ótima qualidade.

Léguas de Pão
(21) 2239-4929
(21) 9984-0015
www.leguasdepao.com

• Sanduíches de excelente qualidade. Também oferecem outros produtos.

Les Amants du Chocolat
(21) 3347-9390

• Christian Mattos faz maravilhosos bombons de chocolates belgas com recheios diversos, em formas especiais em caixas de 250g e 500g.

Lidador
(21) 2533-4988
(21) 2533-5391
www.lidador.com.br

• Tradicionalíssimo no Rio. Os melhores e mais diversos importados!

Locanda da Voi
(21) 2226-6500
(24) 2233-5405
www.locandadavoi.com.br

• Lilian e Danio Braga são imbatíveis em delícias *delivery*.

Massas – Cantinella
(21) 2259-1498
(21) 2511-5436

• Massas frescas prontas ou pré-cozidas. Pedidos com 48 horas de antecedência.

Massas – Lydia Alves
(21) 2274-1354
(21) 9804-2373
lydiaalves@ig.com.br

• Lydia fornece massas pré-cozidas como raviolli, rondeletti e lasanha.

Massas caseiras – La Bella
(21) 2507-1688
(21) 9773-3533
lurdes-barros@ig.com.br

• Deliciosos canelones, lasanhas, nhoques... Encomendas a quilo.

Mercearia Mei-Jo
(21) 2551-3051
(21) 2551-2824

• Mercearia especializada em produtos asiáticos.

Mil e Um pães
(21) 2501-1167
(21) 2501-7652

• Faz formas especiais para canapés além de pão de hamburguer e cachorro-quente.

Molhos – Cecilia Mota
(21) 3902-2947
(21) 9151-9122

• Seu forte são os molhos. Faz serviço de bufê.

Mousses Salgadas de Sergio Figueiredo
(21) 2579-1469
(21) 2286-3689

• São *mousses* deliciosas.

Nova Fazendinha
(21) 2471-3654
(21) 2473-3084
www.novafazendinha.com.br

• Desde fois gras fresco até vinhos e queijos importados, passando por cogumelos de Paris e peito de pato.

Ostras
(21) 2527-6041

• Monica Wekhauser traz tudo de Santa Catarina. Mexilhões e vôngoles também.

Pães – Fernando Pedrosa
(21) 2238-9169

• São delicados mini-pães de batata baroa, espinafre, beterraba e ervas. Perfeitos para festas.

Pão d'Helô
(21) 2539-0843

• Pães variados e saborosos.

Pão Folha
(21) 2252-2692
(21) 9717-3603

• Heloisa Mendes fornece os pães árabes tipo folha.

Pastrella Massas
(21) 2239-7926
(21) 2239-9792
www.pastrella.com.br

• Massas frescas para preparar em casa ou congeladas para esquentar. Massas especiais sob encomenda. Também oferece diversos tipos de pães.

Pavelka
(24) 2245-5959

• Família polonesa há muito tempo em Petrópolis, agora também no Leblon, Rio de Janeiro.

Puebla Café
(21) 2286-5623

• Família Rossi entrega "tapas" e outros quitutes mexicanos.

Quiches – Ana Alfano
(21) 2576-3813
(21)9966-4007

• Ana faz quiches deliciosas.

Salgados Vinicius Roma
(21) 2516-5535

• Empadinhas, burekas, minipizzas, miniesfihas... Tudo semi-pronto, é só assar na hora. Muito gostoso.

Sorvete Brasil
(21) 2589-4350
(21) 2589-0072
sorvetebrasil@sorvete-brasil.com.br

• Conhecido na cidade, faz sempre grande sucesso.

Sorvete Itália
(21) 3204-1920
www.sorveteitalia.com.br

• Custo e benefício da melhor qualidade. Muito sucesso nas festas. Alugam também freezers recheados de picolés.

Sorvete La Basque
(21) 2294-4194
(21) 2493-6074
www.labasquerio.com.br

• A melhor pedida é o tradicional Chocolate Choc Chip.

Sorvete Mil Frutas
(21) 2511-2550
www.milfrutas.com.br

• Especializada em sabores de frutas, todos muito bons.

Stepper
(21) 9988-8774
stepperimpvendas@uol.com.br

• Caviar, salmão defumado, bacalhau norueguês, arenque dinamarquês, champignon morilles, ovas etc...

Talho Capixaba
(21) 2512-8760
(21) 2259-5895
www.talhocapixaba.com.br

• Começou como um açougue em 1958 e hoje é uma excelente *delicatessen delivery*.

Tortas – Janete Rangel
(21) 2557-1854
(21) 9697-8885

• Há 34 anos no mercado gastronômico, faz tortas doces e salgadas de deixar muita gente com água na boca.

Torta & Cia
0800-2826454
www.tortaecia.com.br

• Tortas deliciosas de diversos tipos. Entrega em casa.

Tortinhas russas
(21) 2259-6285
(21) 9624-1455

• Cecilia prepara tortinhas russas de diversos sabores.

Traiteurs de France
(21) 2548-6440
traiteurs@bel.com.br

• Tradicional *delicatessen*. Em Copacabana todos conhecem. Resolve diversas emergências.

Vinicius Roma
(21) 2516-5535
viniciusromacafe@
yahoo.com.br

• Salgados e doces de ótima qualidade, entregues em sua casa. É necessário encomendar.

SÃO PAULO

Antipasti Santa Quitéria
(11) 4712-5021
www.santaquiteria.com.br

• Especializado em antipastos tipicamente italianos.

Arosa Massas Folhadas
(11) 4524-9900
www.arosarj.com.br

• Tradicional casa de massas folhadas do Rio de Janeiro, com venda também em São Paulo.

Astro Café
(11) 7711-6343
0800-7745005
www.astrocafe.com.br

• Fornece sachês de café de alta qualidade para máquinas de expresso.

Baronesa Padaria
(11) 3666-1528
(11) 3822-6260
padariabaronesa@terra.com.br

• Desde 1959 esta padaria faz e entrega pães especiais e fina confeitaria. É forte em *delivery*.

Basilicata
(11) 3289-3111
www.basilicata.com.br

• Pães e torradas de todos os tipos, pré-assados, para todo o Brasil.

Bistrot de Tarte
(11) 3742-5272
(11) 9154-9659
www.glaucoalrojas.com.br

• Fornece *tarteletes* e *crisps* para eventos.

Brasserie Victoria
(11) 3845-8897
(11) 3849-8449
contato@brasserievictoria.com.br

• Especializados em comida árabe com *delivery*.

Cafeera
(11) 5093-9058
www.cafeera.com.br

• Cafés finos e especiais com certificado de origem.

Clube Chocolate
(11) 3084-1500
www.clubechocolate.com

• Vende pães e chocolates.

Cristallo Delicatessen
(11) 3082-1783
www.cristallo.com.br

• Tortas deliciosas entregue em toda São Paulo.

Delhi Palace
(11) 3168-4943

• *Delivery* de comida indiana.

Empório Chiappetta
(11) 3228-1497
(11) 6221-3799
www.chiappetta.com.br

• Vários produtos, temperos e molhos, nacionais e importados.

Empório Santa Maria
(11) 2102-7700
(11) 3816-1329
www.emporiosantamaria.com.br

• Nesta casa você encontra delícias vindas de todas as partes do mundo.

Emporium São Paulo
(11) 3464-7500
www.emporiumsaopaulo.com.br

• Tem de tudo: massas, molhos, condimentos. Prontos e semi-prontos.

Fazenda dos Pães
(11) 3721-7975
(11) 3721-1691

• Pães e baguetes a metro. Pães sortidos, tortas, pavês e doces.

Goldy Láctea
(11) 3644-6004
www.goldylactea.com.br
• Oferece laticínios provenientes do gado Jersey.

Helix Escargots
(11) 9645-8955
(11) 9603-8720
www.helixsp.com.br
• *Escargots* com qualidade internacional.

Illy – Café Expresso
(11) 3825-6511
www.illy.com.br
• Café expresso de diversos tipos e sabores.

Lo Spaguetto
(11) 6191-6030
lospaguetto@terra.com.br
• Massas artesanais feitas com produtos de primeira qualidade.

Macarrão Alfa
(11) 5524-8817
www.macarraoalfa.com.br
• Macarrões e molhos orientais da melhor qualidade prontos para serem consumidos em casa.

Maxifour Lebanon Market Center
(11) 6099-0000
(11) 3663-2868
www.maxifour.com.br

• Verdadeiro shopping de produtos importados da culinária libanesa e mediterrânea.

Mercado Municipal de São Paulo
(11) 3228-0673
(11) 3227-3879
www.mercadomunicipal.com.br

Mother's Pie
(11) 5841-3405
www.motherspie.com.br
• Massas de tortas, *tarteletes* e *vol au vent* com ou sem recheio.

Olivier & Co.
(11) 3088-9008
clodimet.com.br
• Comidinhas e aperitivos derivados do azeite.

Olivier Anquier
(11) 3663-0020
(11) 3825-7678
www.olivieranquier.com.br
• Além de ensinar a fazer pães, o chef comercializa vários produtos com sua grife.

Rei da Lingüiça
(11) 5182-2628
www.reidalinguica.com.br
• Especializada em lingüiças, a família italiana Pellegrino também oferece outros itens ligados ao churrasco.

Santa Luiza Mercado
(11) 3897-5000
www.santaluzia.com.br
• Diversidade e qualidade para sua festa desde 1926.

São Cassiano - Pupunha
(11) 3814-6473
(11) 3812-4575
www.palmitopupunha.com

Stepper
(11) 2220-4888
stepperimpvendas@uol.com.br
• Caviar, salmão defumado, bacalhau norueguês, arenque dinamarquês, champignon morilles, ovas etc...

Tapioca Brasil
(11) 3946-3720
(11) 3944-8056
www.tapiocabrasil.com.br
• Tapiocas em sua casa, com diversos recheios, feitas na hora e, se o cliente quiser, na frente do convidado.

Titanium Biz
(11) 3845-6579
(11) 9129-5628
eduardo@titaniumbiz.com.br

Vivenda dos Pães
(11) 5183-6601
(11) 5182-8198
www.vivendadospaes.com.br
• Padaria tradicional, também oferece produtos para festas ou café da manhã.

Walter Beagim
(11) 4587-9293

• Os melhores chouriços do estado de São Paulo, sem dúvida.

Wessel
(11) 3107-4561
www.wessel.com.br

• István Wessel fundou esta casa de carnes há 40 anos e desde então permanece um sucesso.

CONVITES, CALÍGRAFOS, CONFIRMAÇÃO E ENTREGA

CONVITES

DISTRITO FEDERAL

América Gráfica
(61) 3036-2038
(61) 9258-3564
americagrafica@brturbo.com

Art Convite
(61) 3272-8077
(61) 9972-1078

Charbel
(61) 2105-4500
www.charbel.com.br

Columbia Gráfica
(61) 3344-3536
cirosilvano@brturbo.com.br

Coronária Convites
(61)3038-1012

Dot Paper – Convites Personalizados
(61) 3244-6221
www.dotpaper.com.br

Entrelinha Convites – Caligrafia
(61) 3443-7298
(61) 3366-1482
entrelinha.convites@gmail.com

Gráfica Rafaela
(61) 3344-1533

Gráfica Realce
(61) 3552-0582

Gravopapers
(61) 3343-2080
(61) 9281-2707
rodrigo@gravopapers.com.br

Kassia Ferraz
(61) 3384-6624
(61) 9249-7037

Lucca Convites
(61) 3036-7667
(61) 3036-7668
www.luccaconvites.com.br

M 3
(61) 3233-6461

Positiva
(61) 3344-1999
(61) 9976-3170
www.gpositiva.com.br

Qualidade
(61) 3386-5199
qualidade@qualidadedf.com.br

MINAS GERAIS

Andrea Ramos Convites Artesanais
(31) 3491-3721
www.convitesandrearamos.com.br

Art Foco – Convites
(31) 3476-7727
(31) 9104-3179
valeria@artfoco.com.br

Artes Castelo – Convites
(31) 3476-6024

Cartopel
(31) 3273-7461

Convidando – Inês Chaves
(31) 3297-3935
www.covidando.com.br

Logos Convites
(31) 3457-0805

Matrimonial Convites
(31) 3077-4999
(31) 3272-3165
www.matrimonial.com.br

Paullinelli
(31) 3449-5000

RIO DE JANEIRO

Art'n'cards
(21) 2523-2946
simonesandy@artncards.com.br

• Ideal para quem quer fugir do convencional.

By Elson
(21) 2232-0342
byelson@uol.com.br

Cartolina Design
(21) 3153-2708
(21) 8162-4107
atendimento@cartolinadesign.com.br

• Convites supertransados de muito bom gosto.

Crie e Copie Bureau Gráfico
(21) 2239-4054
criecopie@criecopie.com.br

Dupla Idéia
(21) 9128-3852
(21) 9973-2259
www.duplaideia.com
abrentar@hotmail.com

• Firma muito criativa e com muito bom gosto.

Eurostile
(21) 2224-4946
eurostil@terra.com.br

• Convites feitos em relevo americano. Há 60 anos no ramo.

Girassol
(21) 3760-4384
(21) 9112-1207
girassolcpee@bol.com.br

Just Bee Design
(21) 2247-8878
(21) 2267-4165
heleni@justbee.com.br

• Convites e cartões cuja marca é o inusitado com bom gosto.

Kasa dos Convites
(21) 2278-1524
(21) 9643-6892
grafica@kasadosconvites.com.br

Lavinia Prado
(21) 2422-2588

• Cartões e convites chiques.

Luiza Luf Design
(21) 2577-5284
(21) 9355-0412
luizaluf@luizaluf.com.br

• Convites diferenciados.

Mailbox
(21) 2512-0163
www.mailboxrj.com.br

• Adriana Milanez e Laila Adoni criam cartões e convites de extremo bom gosto.

Manuscrito
(21) 3872-3252

• Stella Pereira Pinto tem um trabalho de muito cuidado e atenção.

Marly
(21) 2263-2881
graficamarly@gmail.com

• Com 58 anos de experiência, oferece lindos convites com delicadeza gráfica em vários estilos.

Mil Cores
(21) 2263-5080
graficamilcores@graficamilcores.com.br

Paul Nathan
(21) 2240-0235
(21) 2240-0435
paulnathan@paulnathan.com.br

• Há 65 anos produzindo convites clássicos e elegantes da melhor qualidade.

RSVP Convites
(21) 2439-1319
www.rsvpconvites.com.br

- Criação personalizada, de convites a *plotters* decorativos.

Stationary Design
(21) 2422-1310
(21) 9987-6466
www.mhockensmith.com
- Marcelle desenvolve projetos requintados para cada cliente.

Tree
(21) 2247-5219
- Andréia, Priscila e Vânia criam convites divertidos e personalizados.

Vilson Convites
(21) 2252-5546
convitesvilsom@uol.com.br
- Tradicionais e modernos, sempre de bom gosto.

SÃO PAULO

Andréa Ramos
(11) 7859-4337
www.convitesandrearamos.com.br

Antix Convites
(11) 6694-2167
(11) 3242-2221
www.antixconvites.com

Art Invite
(11) 5031-6383

Artesanal Convites
(11) 5567-5505

Be My Guest
(11) 8399-5571
www.bemyguest.art.br

Cards and Co.
(11) 3884-1616
www.cardsandco.com.br

Cards Brazil
(11) 5183-8166
www.cardsbrazil.com.br

Carlito Prado
(11) 5052-1856
www.carlitoprado.com.br

Casa 8
(11) 3061-3600
www.casa8.com.br

Casablanca Convites
(11) 3661-5669
www.casablancaconvites.com.br

Crip Convites
(11) 6950-8776
(11) 6950-6011
www.cripaqui.com.br

Design Invite
(11) 3168-0037
www.designinvite.com.br

Gráfica Lux Relevo
(11) 3229-9444
www.luxrelevo.com.br

Gráfica Shalon
(11) 6107-5844
(11) 7125-4329
www.graficashalon.com.br

Interbuy Cards
(11) 3165-6164
www.interbuy.com.br

New Star Convites
(11) 6991-7000
(11) 6959-7000
www.newstarfashion.com.br

Noiva Clássica Convites
(11) 3227-9820
(11) 4438-0320
www.noivaclassica.com.br

Papel e Estilo
(11) 5571-4585
(11) 6674-5824
www.papeleestilo.com.br

Papel Objecto Carla Olivier
(11) 4125-1171
www.papelobjecto.com.br

Papeluz
(11) 3331-6828

Paper Chase
(11) 3842-3519
www.paperchase.com.br

Paper House
(11) 3082-4022
www.paperhouse.com.br

Papeteria
(11) 3813-9214

Print Paper
(11) 5052-3056

Relevo Araújo Gráfica
(11) 3331-3100
(11) 3815-6702
www.relevoaraujo.com.br

San Raphael
(11) 3083-1979

Santa Festa
(11) 3846-9287
www.santafesta.com.br

• Papelaria e convites muito especiais.

Special Print Convites
(11) 4163-1099
www.specialprint.com.br

Supreme Convites
(11) 6604-5010
www.supremeconvites.com.br

Velox Convites
(11) 3704-7232
(11) 3704-7234

CALÍGRAFOS

DISTRITO FEDERAL

Ana Luiza
(61) 3340-4541

Gred Gravados
(61) 9642-6005

MINAS GERAIS

Convidando
(31) 3297-3932
www.convidando.com.br

Doralice
(31) 3344-5370

Eveline Monteiro
(31) 3422-1014
(31) 8876-2449
evelinemonteiro@gmail.com.br

Paulinho Calígrafo
(31) 3378-4825
www.paulinho.caligrafo.com.br

Regina Azevedo
(31) 3344-6237

Vera Lucia Louzada
(31) 3222-2218
(31) 9902-6892
vera.louzadac@yahoo.com.br

RIO DE JANEIRO

Anna Cleide Botelho
(21) 2221-7685
(21) 7814-9361
annabotelho@uol.com.br

Chicklacre
(21) 2423-5351
rsvp_ruth@click21.com.br

Cida
(21) 8203-7871
www.cidagrafia.com.br

Fabiana Leite
(21) 9994-2498
contato@fabianaleite.com.br

Fernando Romeiro
(21) 2431-0373
romeiro@mi.montreal.com.br

• Caligrafias diferenciadas por temas.

Oficina de Caligrafia Drica Reis
(21) 9639-9650

Roseana Bevilaqua
(21) 2239-3577
e.scriba@uol.com.br

Sandra
(21) 2236-5473
sandracaligrafa@globo.com

• Caprichosa, trabalha com bico-de-pena em diversas línguas.

Silvana Faria
(21) 2767-1390
www.arteemcaligrafia.kit.net

Toque dos Anjos
(21) 9819-7900
fernandalannes@zipmail.com.br

Vany Novello
(21) 2274-7373
vanynovelo@hotmail.com

• Especializada em letra itálica, também faz desenhos em aquarela.

Visual Convites
(21) 2522-2023
www.visualconvites.com.br

SÃO PAULO

Bico de Pena
(11) 9805-5496
bicodepena@bighost.com.br

Lucia de Lima
(11) 3816-0183

Marilia e Márcia Calígrafas
(11) 3287-2603
(11) 3285-1337

• Calígrafas competentes e irmãs.

Rosana
(11) 3256-8836

Rosely Chaguri
(11) 3078-3740
(11) 9999-0242

Rosemary de Godoy
(11) 3819-0358

Sophyst Convites, Caligrafia e Lacre
(11) 6231-7430
www.sophyst.com.br

Studio de Caligrafia
(11) 3868-3912
(11) 9196-7727

Stylo Convites e Caligrafia
(11) 5083-0394
www.styloconvites.com.br

CONFIRMAÇÃO DE PRESENÇA

DISTRITO FEDERAL

Tríplice Comunicação
(61) 3033-3029
triplice.com@uol.com.br

RIO DE JANEIRO

Confirmato
(21) 2569-8786
(21) 9249-8965
www.confirmatorsvp.com.br

Confirme RSVP
(21) 3330-0317
(21) 7811-3998
contato@confirmersvp.com.br

Dugoni e Calazans
(21) 2512-0141
(21) 7841-0803
www.dceventos.com.br

Evento Atual
(21) 2483-7365
(21) 9945-8291
www.eventoatual.com

RSVP Web
(21) 2524-5681
(21) 8616-8888
www.rsvpweb.com.br

SÃO PAULO

Bico de Pena
(11) 9805-5496
bicodepena@bighost.com.br

Convite Express – Postnet
(11) 5051-0775
www.conviteexpress.com.br

RSVP Web
(11) 6091-4387
(11) 2524-5681
www.rsvpweb.com.br

ENTREGA DE CONVITES

DISTRITO FEDERAL

Disk Boy Moto Service
(61) 3563-8932
www.diskboydf.com.br

Eficaz
(61) 3032-3121
eficazpanfletagem@hotmail.com

Lucas Serviços
(61) 3352-2721

MINAS GERAIS

Geral Service
(31) 3213-1270

Já Vai
(31) 3082-7719
(31) 3292-5088

Motoboy 24h BH
(31) 3373-4885
www.motoboy24h.com.br

RIO DE JANEIRO

Boy Time
(21) 2224-5055
comercial@boytime.com.br

Boy Zum 91
(21) 2201-0200
(21) 2241-9480
zum91@boyzum.com.br

Brasildoc Express
(21) 2612-0003
(21) 2518-500
sac@brasildoc.com.br

One Boy Supply
(21) 3860-4302
www.oneboysupply.com.br

Kopifrete
(21) 2233-6519
(21) 3286-6119
kopifreteltda@ig.com.br

Pacer
(21) 2445-2727
juliana_sc@pacer.com.br

Transmoto Serviços
(21) 2563-1112
(21) 2293-3223
atendimento@transmotorj.com.br

SÃO PAULO

Convite Express – Postnet
(11) 5051-0775
www.conviteexpress.com.br

Fiel Express
(11) 3826-6796
www.fielexpress.com.br

Lig Moto
(11) 3051-3377
www.ligmoto.com.br

Master Boy Transportes
(11) 3034-1204
www.masterboytransportes.com.br

Millenium Express
(11) 5031-3909
www.milleniumexpress.com.br

Princesa Express
(11) 3864-0077
www.princesaexpress.com.br

Santex
(11) 5041-9879
www.santex.com.br

Speed Help
0800 7708613
www.speedhelpdistribuidora.com.br

DECORADORES

DISTRITO FEDERAL

Ângela e Mércia
(61) 3364-1059

Arcaida Eventos e Decoração
(61) 3244-5624
dizardo@dizardo.com.br

Arts Toldos e Decoração
(61) 3380-2175
(61) 9983-9752
www.artstoldos.multiply.com

Carlos Decorações e Eventos
(61) 3484-7294
(61) 9952-5219

Carmem Abreu
(61) 3344-2525
contato@carmenabreu.com.br

Casa Blanca
(61) 3248-4429
(61) 9211-6268
casablancafestas@uol.com.br

Fabricyo Carvalho
(61) 3597-1373
(61) 8465-5187
fabricyocarvalho@hotmail.com

In Casa
(61) 3248-3004

Joana Tereza
(61) 3368-1712
(61) 9982-1713

Lys Societá
(61) 3443-0304
www.lys-societa.com.br

Madelon Decoração para Eventos
(61) 3562-2920
www.madelondecoracoes.com.br

Maristela & Marvione
(61) 3366-3810

Onoyama Flores
(61) 3248-5547
(61) 3443-8197

Paulo Contreira
(61) 3308-1204
(61) 9987-1205

Rubinho Decorador
(61) 3201-5232

Table Perfect
(61) 3202-8242

MINAS GERAIS

Criar Flores e Decorações
(31) 3292-8751

Denise Magalhães
(31) 2103-8500
(31) 3227-9230
www.verdequetequero.com.br
• Decoradora mineira extremamente competente. Também é conhecida nas grandes capitais.

Floricultura Estrada Real Decorações
(31) 3422-4480
www.afloriculturaestradareal.com

Helô Newton
(31) 2111-5550
helonewton@yahoo.com.br

Julio Piana Flower Design
(31) 3442-1254
juliopiana@terra.com.br

Multifestas
(31) 3422-5969
www.multifestas.com.br

Patrícia Andrade Decorações
(31) 3342-4245
patriciaeana@uol.com.br

Pedra Angular Noivas
(31) 3201-8822
(31) 3082-2405
www.pedraangularnoivas.com.br

Recanto Verde
(31) 3292-6765
recantoverde@terra.com.br

Rose Festas
(31) 3451-2518

Verde Que Te Quero Verde
(31) 2103-8500
(31) 3241-5092
www.verdequetequero.com.br

RIO DE JANEIRO

Anna Leticia Cohen
(21) 3435-6660
(21) 7811-6660
velas@annaleticiacohen.com.br

Antonio Neves da Rocha
(21) 2551-8485
(21) 9808-9519
a.nevesdarocha@uol.com.br
• Um dos decoradores de festas mais disputados do Rio de Janeiro. Faz produções espetaculares em Rio, São Paulo, Brasília e Bahia.

ANTONIO NEVES DA ROCHA
Decorador, Rio de Janeiro

Antonio Neves da Rocha é o profissional carioca mais disputado do país. Crítico e espirituoso, enche de personalidade os salões que decora.

"Um bom motivo é sempre uma boa festa. Festas têm um efeito mágico sobre as pessoas. Meu maior prazer é reconhecer no rosto das pessoas expressões de agrado e aprovação."

Criado em Ipanema, viveu a infância envolto nas fantasias e no glamour dos anos 1960 e 1970, acompanhando a vida social movimentada de sua avó Helô Willemsens e de sua mãe, Lia Neves da Rocha.

Destemido e apaixonado pelo que faz, Antônio não parece encontrar dificuldades na sua profissão. "Sou um criador de soluções. Gosto de inventar. Festa é show e cenografia."

Publica este ano um livro sobre festas, perpetuando um acervo iconográfico de mais de 8.000 fotos reunidas em dez anos de trabalho como decorador, mas sem nenhum saudosismo. Antônio não gosta de olhar para trás, vidrado apenas no seu eterno processo criativo. Sua festa memorável é sempre a próxima que vai realizar.

"O mais importante no planejamento de uma festa é a busca do equilíbrio de todos os seus elementos. Devemos ter um olhar crítico para o conjunto da festa, evitando criar contrastes na escolha dos seus diversos componentes: bebidas, comida, infra-estrutura, decoração etc. O custo não é o fundamental. Encontrar a harmonia de todos os detalhes é a garantia de um excelente resultado."

DECORADORES

Beatriz Pinheiro e Evelyn Disitzer
(21) 2512-5188
(21) 9973-7380
festa@attglobal.net

• Cuidam de tudo com simpatia e leveza.

Bel & Lia
(21) 2556-2774
belelia@belelia.com.br

• Dupla competente neste mercado.

Bia Fajardo
(21) 3326-2645
(21) 9622-7866
www.biafajardo.com.br

• Para Bia os pequenos detalhes fazem grande diferença.

Bianca Bloise Paura
(21) 3328-3824
(21) 8777-2747
biancabloise@oil.com.br

Cristina Lips
(21) 2274-4931
christinalips@globo.com

• Competente e cuidadosa. Preocupa-se com todos os detalhes da festa.

Daniel Cruz
(21) 2492-1802
(21) 9962-9515
danycruz@globo.com

• Sempre muito simpático, está no mercado com muita força no momento.

É prático e rápido na hora da montagem.

Edgar Otávio
(21) 2226-0066
(21) 7814-6412

Gigi e Juliana
(21) 2554-7514
(21) 8831-4317
gigibarreto@superig.com.br

• Juliana e Gisele são originais e criativas, mesmo com poucos recursos.

Lene Albuquerque
(21) 9985-0383

• Começou com arranjos de mesa, agora faz toda a decoração do evento.

Luciana Conde
(21) 2553-0668
(21) 8169-0449
lvc@matrix.com.br

• Moderna e competente, vem crescendo no mercado carioca.

Luiz Ferreira
(21) 3419-9441
luizflorista@hotmail.com

Marcio Azambuja
(21) 2547-3878
(21) 9988-4790

• Marcinho é ótimo para pequenas festas em casa. Vai ao local alguns

dias antes, observa o ambiente e no dia da festa arruma o espaço e faz arranjos lindos de flores e plantas.

Maria José Prior
(21) 2267-0291
contato@mariajoseprior.com.br

• Detalhista e de muito bom gosto. Suas decorações são um sucesso.

Mesquita Decorador
(21) 2286-1509
(21) 9447-7151

• Seus clientes são fiéis e gostam muito dele.

Monica Cordeiro Guerra
(21) 2521-2653
(21) 9636-9540

• Tradicional decoradora de festas, muito criativa e de bom gosto.

Monica Fernandes
(21) 2244-7134
contato@mfproducao.com.br

• Decoradora dedicada, simpática e atenciosa. Cuida de tudo pessoalmente.

Monica Villarta
(21) 9139-1551
monicavillarta@terra.com.br

DECORADORES

Ovidio Cavalleiro
(21) 2235-5585
(21) 9638-2443
o.cavalleiro@globo.com

• Decorador extremamente criativo. Trabalha com o estilo *new romantic*.

Tânia Sequeira
(21) 3322-6797
(21) 9989-5242
taniasequeira@infolink.com.br

• Faz arranjos e toda a decoração da festa. É muito conhecida no Rio de Janeiro.

Tuca Loeb
(21) 3322-4964
(21) 9888-4964
tucaloeb@mls.com.br

• Vem se firmando no mercado com muita qualidade.

SÃO PAULO

Adriana Saade
(11) 5083-4993
www.saade.com.br

Ana Carvalho Pinto
(11) 3078-4988

Ana Maria Sayão
(11) 3758-6872

Andréa Saladini
(11) 3834-9280
www.andreasaladini.com.br

• Arranjos florais são o ponto alto de suas decorações. Muito elegantes também são os ambientes decorados com coberturas e linda iluminação.

Blast Eventos
(11) 3045-0522
www.blasteventos.com.br

Bia Sandoval Decoração e Eventos
(11) 3062-1479

• Com muito bom gosto, esta decoradora de interiores faz desde uma consultoria até todo o evento, da escolha dos convites à decoração, se preocupando com os mínimos detalhes.

Biana Melo
(11) 3254-7604
(11) 6455-1383
www.bianamelodecor.com.br

Camila Vieira Santos
(11) 3819-8800
www.camilavieirasantos.com.br

• Esta arquiteta ambienta e decora festas e eventos. Seu estilo é bem mesclado entre o clássico e o moderno.

Carlos Flores
(11) 3672-5199
www.carlosflores.com.br

Felippe Crescenti
(11) 3815-1999
secretaria@felippecrescenti.com

• Este arquiteto criativo faz seus jantares ou eventos extremamente bem acabados, nos mínimos detalhes.

Fernando Piva Interiores
(11) 3168-1711
www.fernandopiva.com.br

• Decorador de sucesso, também faz lindos cenários para festas de casamentos.

Floris Decor
(11) 3773-8257
www.florisdecor.com.br

• Desde a ambientação de flores até a decoração total de seu jantar ou evento. Adapta-se muito bem aos desejos de seus clientes.

José Antonio de Castro Bernardes
(11) 3083-0081
www.castrobernardes.com

• José Antonio há 17 anos imprime seu bom gosto em lindas decorações de festas com exclusivas obras de arte. Seu escritório é capaz de produzir todo um evento.

Luciana Teperman
(11) 3816-1309
luteperman@uol.com.br

OVÍDIO CAVALLEIRO
Decorador, Rio de Janeiro

Bom gosto e muito charme são a marca desse genial decorador de festas e eventos. Ovídio é uma das personalidades mais interessantes do mundo festeiro.

Ele se apresenta como introdutor do estilo "New Romantic", fazendo festas com muitas rosas multicoloridas em grandes buquês. Adamascados de algodão com fitas estampadas de *moirrée* e tecidos explorando as cores pastéis são fiéis ao estilo Maria Antonieta do filme de Sofia Coppola.

Outro talento do decorador é ser um exímio arranjador de flores. "Utilizo estruturas em vidro, ferro etc. na altura adequada para não atrapalhar a conversa dos convidados. O conjunto, com uma boa iluminação, é o ponto alto do décor em qualquer festa."

Decorador com grande imaginação e cultura, ele realiza com sensibilidade os desejos de seus clientes. "O que sempre enfatizo é trabalhar dentro dos limites financeiros de cada orçamento. Não se deve adaptar idéias para baratear custos. O resultado fica pequeno. Vamos ter uma idéia nova que caiba no que temos para gastar."

Falando a respeito de decoração, Ovídio ressalta a importância da escolha de uma cor como base para a festa e manter a coerência com essa escolha em todos os seus detalhes. "As toalhas das mesas são importantíssimas para passar o clima da festa. A escolha da sua cor e tons é o que determina toda a ambiência do evento."

Como profissional experiente, o conselho que Ovídio dá aos seus clientes é contratar um cerimonialista antes de qualquer outro profissional. "Sei da segurança que a assessoria de um cerimonialista traz. Sem o seu trabalho, até o resultado da decoração fica mais difícil de garantir. Ele diminui o estresse do anfitrião e facilita, inclusive, a minha comunicação e articulação no ambiente de trabalho."

Ricardo Stambowsky, cerimonialista, forma com Ovídio uma dupla impecável. "Acho o trabalho do Ricardo muito bom. Ele garante a perfeita performance do evento em todos os seus detalhes. Os interesses dos clientes estão sempre em primeiro plano quando Ricardo coordena o evento."

• Arquiteta elegante, também faz a decoração de festas e eventos.

Marcelo Bacchin
(11) 3722-3339
www.marcelobacchin.com.br
• Cenógrafo, arquiteto e decorador, montou sua equipe há seis anos. Produz eventos criativos, festas e cerimônias de casamento.

Milton Decorações
(11) 6215-3953
www.miltondecoracoes.com.br

Moná Lisie Milan
(11) 3812-0743
www.monalisiemilan.com.br
• Raro bom gosto é sua marca, suas festas de casamento são chiquérrimas. Há 15 anos vem desenvolvendo um trabalho cuidadoso.

Party Design
(11) 3032-0017
www.partydesign.com.br

Paula Carrieri
(11) 3846-7990
(11) 7152-3976
www.paulacarrieri.com.br

Plantation
(11) 3898-1906
www.plantation.com.br

• Chris Ayrosa e sua equipe cuidam desde o convite até a produção, mantendo a identidade de todo o seu evento.

Renata Chapchap
(11) 3068-8990
www.renatachapchap.com.br

Rosemary Romero Decoração
(11) 6606-5226
• Desde o conceito até o rumo da festa, esta decoradora define tudo junto com seus clientes.

Rubens Decorações
(11) 3815-3888
www.rubens.com.br
• Há 50 anos trabalha com flores e produção de eventos em todo o Brasil.

Simone Kauffmann
(11) 3081-6069
www.simonekauffmann.com.br

Studio Flora Sodré
(11) 3726-7047
www.studioflora.com.br
• Com muito estilo, Ana Flora de Abreu Sodré ambienta seus espaços com personalidade e elegância.

Terezinha Nigri
(11) 3129-5811
www.nigribasiches.com.br

Titina Leão Festas
(11) 4612-9654
www.titinaleao.com.br
• Especializada em design floral, Titina Leão utiliza-se das técnicas cenográficas na decoração de suas festas.

Vic Meirelles
(11) 3836-4038
(11) 3837-9528
www.vicmeirelles.com.br
• Ele arrasa em São Paulo, com muito charme e elegância em seus arranjos e buquês. Também faz eventos no Rio de Janeiro.

DJ'S, MÚSICA AO VIVO E PARA CERIMÔNIAS RELIGIOSAS

DJ'S

DISTRITO FEDERAL

DJ Black & DJ White
(61) 9277-8861
(61) 9134-0293

DJ Sonic
(61) 3382-6287
(61) 9959-6404
equipedjsonic@hotmail.com

MINAS GERAIS

Carlos Dee
(31) 9153-9595
djcarlosdee@hotmail.com

Juninho
(31) 8471-5775
bhdjjuninho@hotmail.com

Paulinho
(31) 9687-7901
paulinhodjbhz@hotmail.com

Tazo
(31) 9161-9466

Toni
(31) 8819-6038

Valber
(31) 9227-3900

RIO DE JANEIRO

Alexandre Cappelli
(21) 2512-0800
www.cappelli.com.br

• DJ com música eclética e iluminação própria.

Amandio
(21) 9248-7748
gdahora@terra.com.br

Ana Kazz
(21) 2539-0910
(21) 9494-9084
www.zerodoisum.com.br

• Música brasileira, eletrônica com arte e escola de samba.

Banda Rag
(21) 2294-4210
(21) 9997-5799
www.bandarag.com.br

Bossa Carioca
(21) 2516-3252
(21) 9626-8500
www.bossacarioca.com

• DJ com percussionista. Costuma animar a festa.

Brazilian Lounge
(21) 2266-2096
(21) 9647-1698
www.brazilianlounge.art.br

• Sax com flauta e *pick-ups*. Os dois músicos têm harmonia.

Bruno Deviq
(21) 3875-7570
andrenicola@rastrocop.com.br

China Taw
(21) 3875 7570
www.rastropop.com.br

• Um dos melhores DJ's de música antiga.

DJ Isasoul
(21) 8159-0974
lisafer@terra.com.br

• A pista fica fervendo com a house music da Isa.

DJ Mau
(24) 2246-5759
(24) 9818-7587
www.djmau.com.br

Dudam
(21) 2226-0360
(21) 9131-7064

• Hip-hop e house.

Dudu Menna Barreto
(21) 2294-2172
(21) 9982-3063
dudumennabarreto@hotmail.com

• Extremamente cuidadoso. Som impecável.

Eduardo Christoph
(21) 2511-6838
(21) 8144-8144
edumc@gmail.com

Equipe Maximun
(21) 3472-2073
(21) 9692-9292
rodrigo@equipemaximum.com.br

Fábio Santana
(21) 2547-0902
(21) 9405-0146
fabinhosantanna@terra.com.br

DJ'S

Gerson Costa
(21) 9941-2822
gersoncosta@hotmail.com

• Mistura bem clássicos dos anos 60 e 70 com música brasileira.

Henrique Pirai
(21) 2527-7527
(21) 9194-5494
henriquepirai@aol.com

• *Lounge music* com ou sem performance. Estilo elegante.

Jim Shreim
(21) 2507-8566
(21) 9255 7825
js.shreim@terra.com.br

• DJ inglês. *London beat*. Festas animadíssimas.

Julio de Lima
(21) 7818-3459
julioclmaria@gmail.com

Leonardo Lobato
(21) 2541-0718
(21) 8123-8940
leolobato@hotmail.com

Levy Gasparian
(21) 3322-4020
(21) 9988-3909
levygas@yahoo.com.br

Luluta
(21) 2239-2602
(21) 9808-9946
luluta.alencar@terra.com.br

• Remix de música brasileira.

Malboro
(21) 9988-6734
www.bigmix.com.br

• Música funk com personalidade.

Marcelinho da Lua
(21) 2226-0360
djdalua@terra.com.br

• Reggae com música brasileira.

Marcelo Janot
(21) 2542-3691
janot@criticos.com.br

Marcelo Resende
(21) 9944-6397

• É sempre uma surpresa boa, nada previsível.

Marcos Bocayuva
(21) 8159-9551

Marcos Calazans
(21) 2540-7332
(21) 9693-7751
acmontenegro@hotmail.com

Marcos Mamede
(21) 2226-7373
(21) 9156-7044
mmamede@superig.com.br

Mari Zander
(21) 9263-4353
marizander@hotmail.com

Mario Bitencourt
(21) 2285-0291
(21) 9971-2436
mariob@fluminensefm.com.br

Marquinhos Saud
(21) 2719-7579
(21) 9989-7657
mwson@ig.com.br

Nado Leal
(21) 9975-9059
nadoleal@uol.com.br

Planet Dance
(21) 2426-8036
(21) 8249-5723
brunoeliasdj@hotmail.com

Pro Sound
(21) 2426-8036
(21) 8249-5723
brunoeliasdj@hotmail.com

Rafael Salles
(21) 2434-0760
rafaelgisalles@hotmail.com

Som10
(21) 2560-3422
www.som10.com.br

The Lounger
(21) 3473-6292
tlounger@hotmail.com

• Curiosíssimo e moderníssimo. Performance é uma opção.

Tiago Lacerda
(21) 2571-2133
(21) 9701-3400
tiagolacerda@aol.com

Tufy
(21) 2290-1367
(21) 9359-5548
djtufy@djtufy.com

SÃO PAULO

ABC DJ's
(11) 3966-6390
(11) 8509-5967
www.abc-dj-luciano.com.br

Claudio Rovai
(11) 5051-9189

DJ's Renato Dias e Marcelo Lopes
(11) 3727-2472
www.logicsound.com.br

Duet Sound
(11) 3021-0878

Eclipse Produções Musicais
(11) 6243-4867
(11) 9207-3818
www.eclipsemusical.com.br

Fernando Figueiredo
(11) 3064-5024

Marcelo Torres Jazz Band
(11) 5573-9524
www.marcelotorres.com.br

Mauricio Santos
(11) 6994-1337
www.maurisom.com.br

Onyx
(11) 6255-0787
(11) 7816-1370

Paulo Campos
(11) 3812-9338
www.paulocampos.com

• Especialista em ritmos e música eletrônica. Requisitado em casas noturnas e festas particulares.

Ricardo Dias
(11) 3095-9500
www.ricardodias.com.br

Rod Hanna
(11) 3916-1731
www.rodhanna.com.br

• Especializada em *revival*.

Susy Seven
(11) 7699-1716

• Faz seleção personalizada para seus clientes.

Techsamba
(11) 3814-5680
www.techsamba.com.br

• Música eletrônica com bateria de escola de samba e um excelente repertório.

TRBR
(11) 3822-0277
www.trbreventos.com.br

MÚSICA AO VIVO E PARA CERIMÔNIAS RELIGIOSAS

DISTRITO FEDERAL

Alexandre Prates
(61) 3351-5540

De Vento em Corda
(61) 3343-3842
(61) 9989-3001

Di Brasil – Cantor
(61) 9624-1030
(61) 8158-7084

Império Musical
(61) 3037-4287

Jabez Oliveira
(61) 9904-0428

Marinho
(61) 3274-6616
(61) 8138-0439

Orquestra de Senhoritas
(61) 3447-2266
(61) 8555-4248

PR Eventos
(61) 3328-0504

MÚSICA AO VIVO E PARA CERIMÔNIAS RELIGIOSAS

Ribas
(61) 9905-4114

Sanglard
(61) 3443-9343
(61) 9209-1102

Sergio Coelho Orquestra
(61) 3351-9346
(61) 9655-1041

Toninho Alves
(61) 9977-9697

MINAS GERAIS

Artes Musicais
(31) 3283-3525
(31) 8604-5401
www.artesmusicais.sites.uol.com.br

Banda Dib Six
(31) 3241-4132

Banda Zeeper
(31) 3487-1084

Coral Haendel
(31) 3226-7077
coralhaendel@terra.com.br

Coral Mozart
(31) 3344-3448
gmozart@brfree.com.br

Fernanda de Mattos – Violino
(31) 3771-3255
(31) 9174-5858
www.fernandademattos.xpg.com.br

Grupo Bel Canto
(31) 8878-2218
www.grupobelcanto.com

Musical Vivace – sax e violino
(31) 3451-2219
(31) 9134-2882
leobilly@ig.com.br

Partituras Virtuais
(31) 3771-6796
(31) 9307-7255
www.partiturasvirtuais.kinghost.net

Regina Meyer
(31) 3223-4728

Sem Fronteiras Coral e Orquestra
(31) 3332-6385
(31) 8711-5195
www.sfcoraleorquestra.com.br

Tonelli Eventos
(31) 3291-5466
(31) 9948-0362
www.tonellieventos.com.br

Verticalvert Eventos
(31) 3313-2780
www.verticalvert.com.br

Wilson Sideral
(31) 3223-1153

Zuza e Banda
(31) 3492-7941

RIO DE JANEIRO

Água de Fogo
(21) 2507-0382
www.aguadefogo.com.br
• Música baiana.

Alexandre Moreira
(21) 2578-2639
(21) 9358-8780
alexandre9moreira@yahoo.com.br
• MPB com violão.

All Cover
(21) 2205-9497
(21) 9257-2285
obadia@obadia.com

Allyrio Mello
(21) 2434-1777
(21) 9987-1893
gdahora@terra.com.br

Atrium Coral e Orquestra
(21) 2225-0726
www.atriumcoral.com

Banda Alta Voltagem
(21) 2579-1694
(21) 9405-0053
www.banda.altavoltagem.com.br

Banda Rag
(21) 2294-4210
(21) 9997-5799
www.bandarag.com.br

Banda Varda
(21) 2256-2418
(21) 9969-7099
bandavarda@bandavarda.com.br

MÚSICA AO VIVO E PARA CERIMÔNIAS RELIGIOSAS

Brazilian Lounge
(21) 2266-2096

Celebrare
(21) 2259-3000
www.celebrare.com.br
• Sempre um grande show, cantam muito Beatles.

Clota de Oliveira
(21) 2571-2478
(21) 9731-5948

Cool Grove Multimidia
(21) 2543-7603

Cristina Braga
(21) 2238-0137

Delfin Moreira Coral e Orquestra
(21) 2255-8155
delfinmoreira@terra.com.br

Fábio Santana
(21) 9405-0146
fabinhosantanna@terra.com.br

Guilherme Vianna
(21) 2239-1035
(21) 9112-4832
jazz@guilhermevianna.com.br

Iane Vallim
(21) 2236-2752
(21) 9605-8235
ianefvallim@ig.com.br

Intermezzo
(21) 3971-5309
(21) 9797-9896
musicaclassica@terra.com

José Tadeu
(21) 2293-0476
(21) 9759-2589
josetad@uol.com.br

Luiza Stella e José Wilson
(21) 3392-4585
(21) 9999-8339
luizastela@hotmail.com

Madrigal Marivi Santiago
(21) 2556-0607

Maestro Jonas Travassos
(21) 2552-6895
• Música para casamentos muito bem executada.

Márcio Mendez
(21) 2548-4248
marciomendez@bol.com.br

Maria José Repsold
(21) 2236-6833
(21) 9983-5518
hrepsold@ism.com.br

Mozart Eventos
(21) 2295-8105
(21) 2295-0519
www.mozarteventos.com.br

• Produzem show musical com repertório dos anos 60 até hoje.

Muniz e Cristina
(21) 2255-9228
(21) 9738-1169

Nosso Coral
(21) 2558-7122

Ornamentus
(21) 2259-1078
(21) 8741-0975
www.ornamentus.com.br
• Orquestra de câmara e coro para cerimônias.

Os Violinos Mágicos de Murillo Loures
(21) 2252-3404
(21) 9859-8781

Ramer Ribeiro
(24) 8814-4938
• MPB em voz e violão de ótima qualidade.

Rio Jazz Orchestra
(21) 2430-7057
• Jazz de alto nível. Anima qualquer festa.

Sexteto Musical Angellus
(21) 2285-0504
(21) 8105-2184
www.sofestas.com.br/angellus
• Repertório clássico. Apresentação sofisticada.

Sigilo
(21) 2245-3671
(21) 9913-4050
midnight@sigilo.com.br

Soul de Quem Quiser
(21) 9627-4298
www.souldequemquiser.com.br
• Animam as festas e casamentos com músicas dos anos 1980.

Teclados Ivan Botticelli
(21) 2620-3836
(21) 9972-1730

Trio Gigi
(21) 2287-6712

Varenikes
(21) 3205-6670
(21) 8863-3351
www.varenikes.mus.br
• Garante a animação do seu evento com MPB, música internacional e judaica.

Violinos Moza
(21) 2293-7740
(21) 8882-8209
www.violinosmoza.mus.br

SÃO PAULO

Art' Encanto
(11) 6950-3075

Banda Eu
(11) 9988-6454
(11) 9522-7348
www.bandaeu.com.br

Banda Flash
(11) 5052-5451
www.flashproducoes.com

Banda Garcia Music Show
(11) 50513880
(11) 6673-0012
www.garciamusicshow.com.br

Banda Pôr do Som
(11) 4538-0886
(11) 9808-2645
www.bandapordosom.com.br

Banda Rock Balboa
(11) 6953-0094
www.bandarockbalboa.com.br

Banda Saint Paul
(11) 2293-8212

Banda Santa Maria
(11) 6695-9545
www.bandasantamaria.com.br

Banda SP3
(11) 3813-1164
(11) 3813-0008
www.sp3.com.br

Banda The Flavours
(11) 3644-6854

Blackout
(11) 6702-7065
www.blackouteventos.com.br

Canttus Coral
(11) 3571-9800
(11) 9915-0200
www.canttus.com.br

Coral e Orquestra Baccarelli
(11) 5549-2011

Disk Músicos
(11) 3435-8039
(11) 7213-8320
www.diskmusicos.com.br

Dreams Musical
(11) 4971-0253

Laura Guimarães
(11) 5533-6867
lauraguimaraes@uol.com.br

Lobo Música ao Vivo
(11) 6862-2197
www.paulolobo.com.br

Mari & Oscar
(11) 5565-1431
(11) 9627-1448
www.marieoscar.com.br

Marx Produções Musicais
(11) 6233-8479
(11) 9227-9418
marxproducoes@uol.com.br

Merlyn Coral & Orquestra
(11) 6682-2662
(11) 6682-0542
www.merlynproducoes.com.br

Musical Vip
(11) 3531-0893

Nautilus
(11) 3667-9173

Percussão Paulo Campos
(11) 3812-9338
www.paulocampos.com.br

Quasimodo
(11) 5572-8108

Romanza Orquestra e Coral
(11) 3412-8909

Samy´s Band
(11) 3676-0101
www.samysband.com.br

Showtime Produções
(11) 4426-4191
(11) 9719-8270
www.showtimeproducoes.com.br

Toccata Coral e Orquestra
(11) 3023-4292
www.toccata.com.br

Versolato
(11) 4125-1607
(11) 7363-4751
www.versolato.com

Violinos
(11) 6919-1934
(11) 6962-5684
www.violinos.com.br

ENTRETENIMENTOS FESTEIROS

MINAS GERAIS

A América Fogos – Fogos de artifício
(31) 3473-7140
(31) 8612-0745

Marco Lacerda – Mágico
(31) 9994-5554
www.hpgvip.ig.com.br

Recreart – Recreação
(31) 3421-9811
www.recreart.com.br

RIO DE JANEIRO

Oficina de Desenho – Caricaturas
(21) 2264-0364
oficinadedesenho@uol.com.br

Souza – Caricaturas
(21) 3273-0413
www.souzacaricaturista.kit.net

Cigana Aluar
(21) 2493-4843
(21) 9291-1453

• Faz seu trabalho no evento com discrição.

Cigano Dinn
(21) 9656-8691
neofilho@yahoo.com.br

• Simpático cigano. Divertido e competente.

Drakyni – Mágico e Ventríloquo
(21) 3285-3859
www.magicodrakyni.com

• Shows especiais para adultos.

Dyrah 7 – Shows pirotécnicos
(21) 2521-8396
dirah7@ig.com.br

Equipe Unida – Recreação
(21) 2487-2653
(21) 9637-3799
alfredo@eventos.com.br

• Animação de festas para adultos e crianças.

Family Festas – Recreação
(21) 2467-6024
familyfestas@ibest.com.br

• Brincadeiras para festas de adultos e crianças.

Fernando Romeiro – Caricaturas
(21) 2431-0373
romeiro@mi.montreal.com.br

Idéia Legal – Brinquedos
(21) 2452-5190
ideialegalfestas@hotmail.com

ENTRETENIMENTOS FESTEIROS

• Aluguel de brinquedos para festas de adultos e crianças.

Imagine Estúdio Digital – Fotografias
(21) 2547-7662

Intrépida Trupe – Performance
(21) 2509-7031
www.intrepidatrupe.hpg.ig.com.br

• Circo, dança e teatro no seu evento.

Kioske Kodak – Fotografias
(21) 2294-8271
logistica@avaphoto.com.br

Carvalho – Mágico
(21) 3872-5643
www.magicocarvalho.com

New Art – Performance
(21) 8111-1281
ericacolares@gmail.com.br

• Dança aérea, pierrôs e personagens.

Power & Cia. Games – Jogos
(21) 2701-1878

Presto News – Fotografias
(21) 2484-0404
(21) 7838-7773
comercial@prestonews.com.br

• Fotos transadas em capas de revistas.

Sempre Festa - Balões Metálicos
(21) 8866-1244
(21) 3325-5389
marciawehbih@terra.com.br

• Márcia tem lindos balões em cores metálicas especiais.

Socialclick – Fotografias
(21) 2257-1869
(21) 9394-7799
vitorfoto@globo.com

• Fotos divertidas com camarim.

Template Fotoevento – Fotografias
(21) 2286-1978
guilherme@templateeventos.com.br

Zoomfoto – Fotografias
(21) 2617-6642
(21) 9977-8486
rafael@zoomfoto.net

SÃO PAULO

Dragqueens e Artistas Performáticos – Performance
www.eventosomega.com.br

• *Dragqueens* e diversos outros artistas performáticos para seu evento.

Mil Fogos – Fogos de artifício
www.milfogos.com.br

• Mostra para todo o Brasil o melhor em shows pirotécnicos.

Paul & Jack – Mágico
(11) 3772-6645
www.paulejack.com.br

Philip Blue Close-up Magic – Mágico
(11) 7820-8761
eventos@philipblue.com.br

Richard – Mágico
www.magicorichard.com.br

Studio de Dança Gloria Ibarra
(11) 6618-4823
www.gloriaibarra.com.br

• Dançarinos profissionais para animar a sua festa.

Teledramas Produções Artísticas – Performance
(11) 5574-5094
www.teledramas.com.br

• Diversos tipos de animação performática para sua festa.

ESTILISTAS, ALUGUEL DE ROUPAS, SAPATOS E ALUGUEL DE FANTASIAS

ESTILISTAS

DISTRITO FEDERAL

Atelier Fernando Peixoto
(61) 3248-2622
www.atelierfernandopeixoto.com

Maria Virgínia Estilista
(61) 3248-1833
noivasmariavirginia@gmail.com

MINAS GERAIS

Cid Arte Criações
(31) 3466-0273

Fiestas e Manias
(31) 3262-1672

Regia Barreto Roupas sob Medida
(31) 3275-2970
regias@cdlnet.com.br

RIO DE JANEIRO

Ana Ciampolini
(21) 8894-7505
despir@globo.com

Any Carro
(21) 2247-4493

• Desenha seus próprios modelos. Os vestidos em camadas, sem forro, fluidos e em movimento são a sua marca.

Atelier Dulce Miranda
(21) 2493-0135
moanapires@hotmail.com

Carlos Tufvesson
(21) 2523-9200
loggia@carlostufvesson.com

• Seus vestidos de noiva são presença constante nas colunas sociais.

Carminda Alcântara
(21) 2558-6101

Cidalia Namora
(21)2259-5658
www.cidalianamora.com.br

• Há 30 anos confeccionando lindos vestidos de noiva. Faz também roupas de época.

Eduardo Guinle – Ceremony
(21) 3328-2122
www.eduardoguinle.com

George Moreira
(21) 2284-0730
(21) 2254-4064
georgemoreira@georgemoreira.com.br

• Estilista preferido das atrizes globais. Há 20 anos faz vestidos de noivas. Também aluga lindas roupas.

Glorinha Pires Rebelo
(21) 2294-8114
(21)2511-7547

• No Rio de Janeiro ela é referência em bom gosto e elegância.

Guilherme Guimarães
(21) 2552-5861

• Tradição e bom gosto incomparáveis. Encantando as mulheres mais exigentes da sociedade há mais de 30 anos.

Heloisa Albuquerque
(21) 2249-9712
(21) 9242-6288
www.hautecouture.com.br

Henrique Filho
(21) 2295-7113
(21) 2530-2974

• Criativo estilista de Campinas. Além de vestidos de noiva, ele cria fantasias belíssimas, usando desde seda até palha.

Lethicia Bronstein
(21) 9984-5298
lebronstein@gmail.com

127

ESTILISTAS

Liliana Sirkis
(21) 2558-1375
(21) 2285 7641
lilianasirkis@hotmail.com

• Cria vestidos com inspiração francesa e italiana há mais de 40 anos. Com ela é certeza de sucesso.

Lucilia Lopes
(21) 2259-6446

• Chiques e elegantes são os vestidos de noiva idealizados por Lucilia. Inspira-se em Valentino e Saint Laurent.

Magdalena Salim
(21) 2512-6194
(21) 9505-1146
magdalenasalim@gmail.com

• Ela costuma dizer que: "para as noivas não trabalho com moda ou tendências, mas sim com os sonhos."

Mariá Noivas
(21) 2236-2842
ibo@uol.com.br

Nadia Lima
(21) 2439-7898
ateliernadialima@uol.com.br

Paula Monteiro de Castro
(21) 2523-9041

Regina Martins
(21) 2247-8074
jotamartins.uol@uol.com.br

Stela Fischer
(21) 3322-1050
(21) 9986-7196

Sylvia Carvalho
(21) 2259-0266
(21) 9642-6585

• Criações chiques e exclusivas de muito bom gosto.

SÃO PAULO

Alba Noschese
(11) 3032-6974

• Há 30 anos cria, com muito sucesso, vestidos que chama de *Nouvelle Couture*.

Annelise de Salles
(11) 3062-7659
www.annelisedesalles.com.br

• Roupas de festas para crianças elegantes.

Atelier Flávia Galli
(11) 3078-1148
www.flaviagalli.com.br

• Seus modelos personalizados são criados a partir de entrevistas feitas em seu atelier. Alia glamour à praticidade.

Carmem Sylvia
(11) 3842-3535

• Há 30 anos neste mercado, hoje conta também com a ajuda da filha e da neta.

Chris Daud
(11) 3842-1855
www.chrisdaud.com.br

• Tem um design moderno e um acabamento perfeito.

Cymbelini
(11) 3082-2516
www.cymbelini.com.br

• Os modelos são enviados para a loja de Paris e lá são confeccionados.

D. Tonetti Moda
(11) 3722-1702
www.dtonetti.com.br

• Esta bonita loja tem uma linha só para damas de honra.

Demi Queiróz
(11) 3815-9130

• Há 25 anos encanta os paulistas com seus vestidos.

Dirce Batista Damas de Honra
(11) 3289-1515

• Dirce trabalha há 15 anos confeccionando lindos vestidos par damas de honra.

Dona Borboleta
(11) 3086-2026
www.donaborboleta.com.br

• Dentro desta loja existe um espaço dedicado às damas-de-honra.

Dressing
(11) 3168-2014

Emanuelle Junqueira
(11) 3062-4241
www.emanuellejunqueira.com.br

Júnior Santaella
(11) 3052-0278

• Há 30 anos realizando sonhos para dias especiais.

Lucia D'Urso
(11) 3229-1050
www.luciadurso.com.br

Marcelo Quadros
(11) 3814-5352
www.marceloquadros.com

Maria Cereja
(11) 3057-4035
wwwcontancalefreve.com.br

• Ana Cristina Prates e Marina Teiman trabalham com vestidos de noiva, madrinhas e damas de honra.

Maria Grazia Luccioni
(11) 3885-5869

• O trabalho de artesã desta estilista italiana há 50 anos encanta as noivas.

Marie Toscano
(11) 3079-0953

• Estilista internacional, já trabalhou em Milão e Nova York, hoje prefere os vestidos de noiva e de festas.

Monica Conceição
(11) 3081-3442
www.civetta.com.br

• Sua marca são os tecidos nobres e rendas especialíssimas.

Paulo Dolce Atelier de Alta Costura
(11) 3884-0811

• Trabalha muito para colônia judaica.

Sandro Barros
(11) 3841-4000
www.daslu.com.br

• Vende seus famosos modelos na Daslu.

Tiyomi Kitasato
(11) 7872-4037
www.tiyomi.com.br

• Tiyomi cria seus vestidos captando a personalidade das noivas.

Vasti Fashion
(11) 3661-9703

• Oferece cerca de 250 peças para noivas, madrinhas e damas de honra.

Vera Arruda
(11) 3062-3175
www.veraarruda.com.br

• Adriana Arruda faz uma moda brasileira, sofisticada e muito feminina. É um *mix* perfeito.

Vivian Kherlakian
(11) 4191-4674
www.viviank.com.br

Walter Rodrigues
(11) 3891-0988
www.2.uol.com.br/walter-rodrigues

• Walter faz seus vestidos com elegância, sofisticação e tem um corte perfeito.

Wanda Borges
(11) 3064-3766

• Esta estilista faz alta costura em estilo *clean*.

ALUGUEL DE ROUPAS

DISTRITO FEDERAL

Clássicos a Rigor
(61) 3326-0592
(61) 8439-4356

ALUGUEL DE ROUPAS

Duquesa Noivas
(61) 3274-7364
(61) 3272-1851
clientes@duquesanoivas.com.br

Vitoria Noivas e Noivos
(61) 3352-6487

MINAS GERAIS

Águeda Chaves
(31) 3291-7878

Assessoria para Noivas (vestidos)
(31) 3473-4685

Belíssima Noivas
(31) 3282-2123

Danielle Benício
(31) 3264-0153
www.daniellebenicio.com.br

Fashion Noivas
(31) 3272-0828
www.fashionnoivas.com.br

Ideasposa Noivas
(31) 3234-0600
www.ideasposa.com.br

Laçarote
(31) 3291-0356

Noivo Elegante
(31) 3271-5103
(31) 9649-9631

Só a Rigor Aluguel e Venda de Trajes
(31) 3222-5805
www.soarigor.com.br

Só Festas Moda
(31) 3262-0639
(31) 3225-6757

Thaís Gusmão
(31) 3296-1315

Thamilla Noiva e Decoração
(31) 3491-0492
(31) 3451-8833

Vera Vieira
(31) 3461-9907

Veste Arte
(31) 3274-1444
www.vestearte.com.br

RIO DE JANEIRO

Ana Noivas
(21) 2601-0542
www.ananoivas.com.br

Arrivée
(21) 3327-2635
www.arriveealuguel.com.br

Art em Núpcias
(21) 3393-0385
www.artemnupciasilha.com.br

Atelier Lucinha Franca
(21) 2415-1530
(21) 2415-3896

Avec Elegance Noivas
(21) 3457-0894
www.avecelegance.com.br

Charlotte Noivas
(21) 3392-7794
charlottenoivas@hotmail.com

Happy End
(21) 2494-5302
www.hend.com.br

Hortência Noivas
(21) 2662-2493
(21) 3760-4005
mr_will_nozes@hotmail.com

La Novia
(21) 3206-0432
www.sanpatrick.com

La Raissa
(21) 3477-1147

Mohana
(21) 2493-0135
www.mohana.com.br

Ninarô Roupas e Acessórios
(21) 2551-5432
www.ninaro.com.br

Só a Rigor
(21) 2275-4999
(21) 2275-2646
www.soarigor.com.br

SÃO PAULO

Amiga Modas
(11) 3227-3445

Black Tie
(11) 6675-0558
www.blacktie.com.br

Boulevard Noivas
(11) 3229-3751

Dressing
(11) 3168-2014
www.dressingfestas.com.br

La Novia
(11) 3044-2895
www.pronovias.com

Local 1
(11) 3816-6868
www.local1.com.br

Tidy
(11) 6605-1728
(11) 2296-8554

Tutti Sposa
(11) 6671-8800
(11) 3683-1293
www.tuttisposa.com.br

ALUGUEL DE FANTASIAS

MINAS GERAIS

Cid Arte Criações
(31) 3466-0273

Dia Especial Fantasias e Adereços
(31) 3291-1845
www.diaespecialfantasias.com.br

Fiestas e Manias – Fantasias
(31) 3262-1672

Saozinha Fantasias
(31) 3495-4432
(31) 9146-0427

Trem de Loco – Fantasias
(31) 3335-2114
(31) 9628-2819

RIO DE JANEIRO

Ao Mundo Teatral
(21) 2263-3443
atendimento@mundoteatral.com.br

Aparatus
(21) 2205-8049
aparatus.rlk@terra.com.br

Arte e Ofício
(21) 2621-7227
arteeoficiodegastronomia@gmail.com

Companhia da Fantasia
(21) 2278-0601

Figurinos e Fantasias Vida Secreta
(21) 2236-2123
www.vidasecreta.com.br

João Calheiros
(21) 2616-0544
(21) 8745-3645
contato@joaocalheiros.com

Só Fantasias
(21) 2557-9355
www.sofantasias.com.br

SÃO PAULO

A Vida é uma Fantasia
(11) 3871-0808
www.vidafantasia.com.br

Fantasia & Cia
(11) 6950-6307
www.fantasiaecia.com.br

Rosana Fantasias
(11) 5635-0613
www.rosanafantasias.com.br

SAPATOS

RIO DE JANEIRO

Firenze calçados sob medida
(21) 2547-3783

Kwui calçados forrados
(21) 2511-0752
(21) 2540-7455

Lidu calçados forrados
(21) 2547-1452

SÃO PAULO

Balestrin Sapatos
(11) 3088-4872
www.balestrin.com.br

Manolo Blahnik
(11) 3841-4000
www.daslu.com.br

Manolo Sapatos
(11) 5533-8412
www.manolosapatos.com.br

• Faz forração de calçados e sapatos sob medida.

FIRMAS DE EVENTOS E PROMOTERS

FIRMAS DE EVENTOS

DISTRITO FEDERAL

Apae /DF Maria F. Cooperativa
(61) 2101-0460
(61) 2101-0466
www.apaedf.org.br

Empório 23
(61) 3366-5139

Estilo Festas
(61) 3343-2750
(61) 8842-0474
www.estilofestas.com.br

FF Festas e Eventos
(61) 3358-6027
(61) 9984-6387

Goreth Avelino
(61) 3577-4485

Grau Produções
(61) 3226-5783
www.grauproducoes.com.br

Jardim do Éden
(61) 3033-3944
(61) 9232-0809
www.jardimdoeden.com.br

Lu Cartaxo
(61) 3322-3174

Madna Nei
(61) 3567-1574

Marcelo Pimenta
(61) 3345-3461
(61) 3346-6956

Margarida Eventos
(61) 3225-0009

Marta Ribeiro
(61) 3381-3831
www.martaribeiro.kit.net

R&R Produção de Eventos
(61) 3374-1022
(61) 9167-1350

Status Produções e Eventos
(61) 3361-4340
www.statuseventos.com.br

TJC Promotora de Eventos
(61) 3345-6686
www.tjc.com.br

Vecci Produções
(61) 8465-3282
(61) 8472-4849
vecciproducoes@yahoo.com.br

MINAS GERAIS

AG Promoções
(31) 3495-2466
(31) 9765-4165
www.agpromocoes.com.br

Arquitetura de Eventos
(31) 3295-3260
www.arquiteturadeeventos.com.br

Art Club Idéias e Produções
(31) 3271-0971
(31) 9735-2038
artesanalcerimonial@bol.com.br

Artfas Cerimonial & Promoções
(31) 3292-5552
www.artfas.com.br

Atelier Emanuella & Carolina Eventos
(31) 3212-1283
(31) 3082-2842

FIRMAS DE EVENTOS

Atuar Produção de Eventos
(31) 3297-2173
www.atuareventos.com.br

Espaço Luminis
(31) 3223-3040
www.luminis.com.br

Felicity Produção de Eventos
(31) 3432-2973
felicityeventos@gmail.com

Horizonte Eventos
(31) 3296-9853
www.horizonteeventos.com.br

Mariângela Lima
(31) 3281-2779
mariangelalima@mariangelalima.com.br
www.mariangelalima.com.br

MS Produções
(31) 3496-4436
(31) 8784-0556
www.msproducoeseventos.com.br

Multifestas
(31) 3422-5969
www.multifestas.com.br

Natália Festas e Eventos
(31) 3437-0432
(31) 9929-6875
www.nataliafestas.com.br

P & C Produção de Eventos
(31) 3077-7225
(31) 9202-5092
peceventos@gmail.com

Sanrofer Eventos
(31) 8779-2100
anasanrofer@yahoo.com.br

Solemnity Eventos
(31) 3432-4066
(31) 9677-0203
solemnityeventos@gmail.com

RIO DE JANEIRO

A 4 Eventos
(21) 2527-0842
www.a4eventos.com
• Irmãs e sócias competentes.

Ana Maria Vieira de Mello
(21) 2491-1018
(21) 8273-7996
anamyz@momentus.com.br

Armazém de Eventos
(21) 3511-4342
(21) 9276-9365
www.armazemdeeventos.com.br

Arte de Fazer Festas
(21) 3381-6190
kristinamendes@bol.com.br

Aruanda Eventos
(21) 2215-2768
www.aruandaeventos.com.br

A'Z Eventos
(21) 2433-1747
(21) 9187-3187
zeliaperruci@hotmail.com

Bluewhite Eventos
(21) 2512-9898
atendimento@bluewhite.com.br
• Lucia Gershone comanda a Bluewhite com competência e sucesso.

Celebrar Formaturas e Eventos
(21) 3104-6924
www.celebrarformaturas.com.br

Cerimoniale
(21) 2579-1679
(21) 9853-0242
www.cerimoniale.com.br
• Elegância com economia.

D.A. Eventos
(21) 2619-8727
(21) 9601-4946
www.daeventos.com.br

Esfera
(21) 2254-4062
(21) 9185-4116
www.esferaeventos.com.br

ESL Cerimonial
(21) 3325-3516
esl_cerimonial@yahoo.com.br

133

FIRMAS DE EVENTOS

Evento Atual
(21) 9945-8291
www.eventoatual.com.br

Fagga Eventos
(21)3521-1500
www.fagga.com.br
• Há 40 anos em atividade, produz congressos, feiras e eventos corporativos.

Fatima Ziegler
(21) 2234-2943
(21) 9963-3015
fatimaziegler@hotmail.com

Fernando Braga Eventos
(21) 2432-7817
(21) 9205-9327
www.fbeventos.sosfestas.com.br

Festa Xiq
(21) 3908-0883
(21) 9164-3830
msdornelles@hotmail.com

Festas Coordenadas
(21) 2711-5855
dvaraujo@terra.com.br

First Class Eventos Especiais
(21) 2239-3094
(21) 9261-5387
dilzafernandes@hotmail.com

Gastão Veiga Eventos
(21) 8121-7950
gastaoveiga@terra.com.br

Glacê Cerimonial
(21) 2496-4018
(21) 9956-3192
gladismn@hotmail.com

Grupo Sueth
(21) 3822-0375
www.gruposueth.com.br
• Prêmio Qualidade Brasil 2006.

Jobe Promoções
(21) 2265-5060
jobe@veloxmail.com.br
• Beatriz Miranda Jordão comanda a Jobe com profissionalismo e competência.

Kaeru Solutions
(21) 2549-3933
(21) 7843-8058
eventos@kaerusolutions.com

Larrat
(21) 2536-5950
www.larrat.com.br
• Boa referência no mercado.

Les Amies
(21) 2232-1445
(21) 9124-3793
www.lesamies.com.br
• Tradição em organização de eventos.

Lucia Aché Assessoria e Cerimonial
(21) 2494-4815
(21) 9974-6974
luciaache@uol.com.br

M4 eventos
(21) 7816-0530
www.celebrarformaturas.com.br

Mara e Lara Eventos
(21) 2278-5359
www.maraelara.com.br

MF Produção de Eventos
(21) 2244-7134
(21) 9124-7841
contato@mfproducao.com.br

Party Shop
(21) 2512-3201
www.partyshop.com.br

Rosa Maria Calil Eventos
(21) 2408-0044
(21) 9942-1018
www.rosamariacalil.com.br
• Produz, dimensiona e executa eventos.

Tereza Reis Produtora de Eventos
(21) 9253-4290
tereza.cr@uol.com.br
• Produtora responsável e criativa. Seus eventos são sempre um sucesso.

Unifesta Rio
(21) 3342-1581
(21) 2427-4585
www.unifestario.com.br

Ventury
(21) 2502-5335
ventury@ventury.com.br

GASTÃO VEIGA
Promoter, Rio de Janeiro

Gastão Veiga se distingue dos outros profissionais do ramo de festas pelo fato de ser especializado em eventos e banquetes, isto é, na organização de qualquer evento que apresente o banquete como atração principal.

São seus 18 anos de experiência no setor de hotelaria, em alguns dos melhores hotéis do Rio como Rio Palace Hotel, Sofitel e o Copacabana Palace, que o permitem equacionar os serviços de comidas e bebidas tão bem quanto toda a organização do evento.

"A minha especialidade é a praça, ou seja, a ligação das cozinhas com os salões. Trabalho para que o *timming* do serviço seja perfeito, obedecendo às diversas características de cada evento."

Elegante, charmoso e diplomático, Gastão Veiga organiza com grande sucesso eventos sociais, corporativos, congressos e convenções, além do *tour & travel* (serviço de recepção). Seus adjetivos atendem desde as necessidades de uma recepção protocolar até aos mais diferentes perfis de festas sociais.

"Realizo desde um serviço de alimentos e bebidas com *mis en place* simples até o *mis en place* completo. Ou seja, desde um coquetel simples ou soupé até o café da manhã, um *coffee break*, *brunch*, almoço, um gala *dinner*, um coquetel/jantar, ou coquetel e jantar com comidinhas."

Profissional completo, Gastão também organiza eventos que contenham um *set-up* complicado e mudanças constantes de montagem e desmontagem. Palcos, mesas diretoras, iluminação, sonorização e cenografia, nada é mistério para o seu talento.

Vertigo – Produção Cultural
(21) 2544-6464
(21) 9621-6346
www.vertigo30.com.br
• Firma que todos os anos produz o festival de animação Anima Mundi.

SÃO PAULO

Alpha Styllu's Produção
(11) 3654-2107
(11) 3685-2189
www.alphastyllus.pro.br

Ana Cruz Eventos
(11) 3064-8618
www.anacruzeventos.com.br

Ana Maria Carvalho Pinto
(11) 3078-4988
www.carvalhopinto.com.br

Andrea Fasano e Patricia Filardi
(11) 3074-4700
www.fasano.com.br
• As duas sócias representam bem o nome Fasano. As festas mais badaladas de São Paulo têm sua assinatura.

Aspen's Eventos
(11) 3165-2820
www.aspens.com.br

Atelier de Eventos Especiais
(11) 5092-3138
www.marinabandeira.com.br

Badalado's
(11) 5049-3264
(11) 5096-0231
www.badaladoseventos.com.br

Best Planner Assessoria de Eventos
(11) 6839-4934
(11) 9181-8219
www.bestplanner.com.br

Bossa Nova Boutique de Eventos
(11) 3081-9033
www.bndecoracao.com.br
• Luciana e Gabriela decoram suas festas com estilos diversos e bem definidos. Casamentos badalados já foram feitos por elas no campo e na cidade.

Bothanica Paulista
(11) 3037-7401
(11) 3037-7401
www.bothanica.com.br
• Há 16 anos Suzana Galvão com seu estilo *clean* projeta e decora com lindas ambientações de flores seus eventos.

Cheers Eventos
(11) 3842-5771
www.cheers.com.br

Coordinare Eventos
(11) 5049-3947
www.coordinare.com.br

Fabiana Hanna
(11) 5052-1844

Festività Assessoria de Eventos
(11) 3045-7485
www.festivita.com.br

Insight Eventos
(11) 3085-7099

Karin Mancusi
(11) 3045-0522
www.blast.com.br
• Além de possuir um espaço próprio, também organiza e produz eventos.

Kiki Goes Assessoria de Eventos
(11) 3045-7653
www.kikigoes.com.br

Lelo Eventos
(11) 4426-4544
www.lelo.com.br

Marriages
(11) 3885-1554
www.marriages.com.br

MS Eventos
(11) 5506-9453

FIRMAS DE EVENTOS

Papit Eventos
(11) 3501-5920
www.papit.com.br

Party Design
(11) 3032-0017
www.partydesign.com.br

Patrícia Conchon
(11) 3726-7047
www.studioflora.com.br

Paula Frederico Organização de Eventos
(11) 3078-4183

R4 Eventos
(11) 5611-0574

Ravena Garden
(11) 4419-0610
(11) 4419-0611
www.ravenagarden.com.br

Vera Simão
(11) 3849-4900
www.eventocasar.com.br

• Trabalhando há 25 anos neste mercado, ela cuida magistralmente bem do casamento em todos os detalhes criados ou imaginados pelos clientes.

Viki Albuquerque
(11) 3167-7841
www.vikialbuquerque.com.br

Wedding & Co.
(11) 3078-4043
www.weddingco.com.br

Tudo Eventos
www.agenciatudo.com.br

• Firma de eventos de Nizan Guanaes.

PROMOTERS

RIO DE JANEIRO

Anna Maria Tornaghi
(21) 2295-4242
tornaghi@uol.com.br

• Promoter há 25 anos, sabe ser profissional como poucos.

Kika Gama Lobo
(21) 2548-3433
atitude@atitude.inf.br

• Ela é moderna e marcante. Sua forma de trabalhar é eficiente.

Lalá Guimarães
(21) 2539-3662
(21) 9985-0198
lalaguimaraes@hotmail.com

• Seu carisma é inigualável. Conhece a todos.

Liege Monteiro
(21) 2522-6843
liege@visualnet.com.br

• Conhecida neste mercado como competente e profissional.

Patricia Brandão
(21) 2521-9461
pat111@iis.com.br

• Discreta e chiquérrima. Seus eventos são um sucesso.

Tereza Duarte
(21) 2522-2440
www.tntassessoria.com.br

• Excelente promoter e assessora de imprensa.

SÃO PAULO

Alicinha Cavalcanti
(11) 5052-2591
(11) 9981-0877
alicinha@alicinhacavalcanti.com.br

• Alicinha Cavalcanti é o primeiro nome em São Paulo quando se pensa em promoter para uma festa ou evento. Ela faz festas em todo o Brasil.

Sergio Zobaran Promoter
(11) 3045-9938
(11) 8547-0320
szobaran@gmail.com

• Muito competente, este carioca anda abalando São Paulo. Ele também trabalha no Rio.

FLORES E PLANTAS ORNAMENTAIS

DISTRITO FEDERAL

Arte Flora
(61) 3345-3064
www.arteflora.com.br

Carmen Abreu
(61) 3322-3027

Central Flores
(61) 3361-1067

Essência da Flor
(61) 3245-2008

Fascinação Flores
(61) 3225-5150
www.enviandoflores.com.br

Florart
(61) 3443-4038

Flores Alvorada
(61) 3242-4144

Flores de Barbacena
(61) 3443-1955

Flores e Folhas
(61) 3274-8007

Flores em Cores
(61) 3381-6567

Flores em Festas
(61) 3380-3830

Flores Michele
(61) 3273-3490

Flores Nacional
(61) 3342-2746

Flores do Planalto
(61) 3443-0358
www.floresdoplanalto.com.br

Floresta Flores
(61) 3347-7700

Internacional Flores
(61) 3244-4193

Karisma Flores
(61) 3349-1108

Magia das Flores
(61) 3344-1297
www.magiadasflores.com

Matsuflora
(61) 3397-5052

Mil Flores
(61) 3347-3379

Onoyama
(61) 3226-0088

Ralph Gerr
(61) 3224-7792

Rosa de Ouro
(61) 3326-5205
(61) 3322-3737

Terra Cotta Flores
(61) 3273-3436
(61) 3349-0802
www.terracottaflores.com.br

MINAS GERAIS

Atelier Casa das Flores
(31) 3497-0127

Flora Ervas e Flores
(31) 3285-2588
www.ervaseflores.com.br

Flora Savassi
(31) 3024-1113
www.florasavassi.com.br

Holambelo Flores e Plantas
(31) 3429-1050
www.holambelo.com.br

Ikebana Flores
(31) 3227-4802
www.ikebanaflores.com.br

RIO DE JANEIRO

A Camélia Flores
(21) 2224-9966
www.acameliaflores.com.br

A Roseira
(21) 2225-2560
aroseira@aroseira.com.br
• Faz lindas decorações de igrejas.

FLORES E PLANTAS ORNAMENTAIS

Aílton e Lucinete
(21) 2570-3218
(21) 9954-9354

Altivo
(21) 2427 9916
(21) 2427-9837

Ana Paula
(21) 2235-5021
(21) 9645-9060

Arminda Antunes
(21) 2610-1723
(21) 8878-4348
www.armindaantunes.com.br

Ateliê das Flores
(21) 2523-7365
(21) 3477-0724
www.floreseventos.com.br

Ateliê Florir
(21) 2279-9916
(21) 2279-6251
www.atelieflorir.com

Bia Fajardo
(21) 3326-2645
(21) 9964-5757
www.biafajardo.com.br

Chácara Tropical
(21) 2493-0394
(21) 2495-8065
www.chacaratropical.com.br

• Vasos grandes e pequenos e também arranjos florais para seu evento.

Clube das Flores
(21) 2224-1110
www.clubedasflores.com.br

Edith Farjalla
(21) 3875-7226
(21) 9988-7441
edith@vetor.com.br

• Arranjos florais modernos ou clássicos.

Empório Santa Rosa
(21) 2521-9692
contato@emporiosantarosa.com.br

• Jorge tem muito bom gosto e faz eventos chiquérrimos. Quando o cliente sugere, ambienta toda a festa.

Flora Santa Clara
(21) 2255-4511
www.florasantaclara.com.br

Flores Ser
(24) 2243-0010
(24) 9813/0603

• Amaury Jaime, além de fazer bonitos arranjos em Petrópolis, também faz a decoração do evento se o cliente solicitar.

Florir
(21) 2548-6752
www.atelierflorir.com.br

Florisbela
(21) 3852-1423
florisbela@floresbela.com

Horto das Palmeiras
(21) 3427-5222
(21) 3427-5204
www.hortodaspalmeiras.com.br

• Diversos tamanhos de palmeiras entregues no local.

Joaquim da Roseira
(21) 2225-2560
(21) 2265-9363
aroseiradcoracao@yahoo.com.br

Jorge Floresta
(21) 2525-1148
(21) 2525-1150

Jorge Lourenço
(21) 2525-1232

Lourdinha Vidal e Virgínia P. da Silva
(21) 2239-6390
vverde@ism.com.br

• Tradicionais no Rio, são referência desde sempre.

Luiz Ferreira
(21) 3419-9441
www.luizferreira.com.br

• Sabe tudo sobre decoração e flores.

Margot Pitombo
(21) 2512-4109
(21) 2512-5320

Maria Luiza Figueiredo
(21) 2287-3218
(21) 9605-8613
mpent@uol.com.br

FLORES E PLANTAS ORNAMENTAIS

• Arranjos de muito bom gosto e elegância.

Maria Pfisterer
(21) 3477-0724
(21) 9977-1906
floriseventos@olimpo.com.br

• Bom gosto é sua marca principal.

Mariu's Garden
(21) 3416-1215
mariusgarden@mariusgardem.com.br

Orquídeas e Bromélias
(21) 3860-8519
(21) 3890-0043
www.orquideasebromelias.com.br

• Atacadista da Cadeg que vende flores avulsas e faz arranjos para festas.

Raymundo Basilio
(21) 5247-7210
(21)9974-8134
basilioflores@globo.com

• Chamá-lo para fazer arranjos florais é certeza de que vai ficar lindo.

Rita Flores
(21) 2249-5288
(21) 9605-8521
adilsonsbatista@hotmail.com

Sergio Trindade
(21) 3342-7640

Silvia Coimbra
(21) 2445-4511
(21) 7838-4157
scoimbra.rlk@terra.com.br

• Além de alugar vasos espetaculares, faz lindos arranjos para eventos chiquérrimos.

Tisse Valente
(21) 2259-1371
(21) 8121-6065
www.tissivalente.com.br

• Paisagismo, iluminação e flores.

Tropical Plantas
(21) 2259-4718

Vitória Régia
(21) 2508-8324

SÃO PAULO

Amarela Flores
(11) 3849-5709
(11) 3845-5109
www.amarelaflores.com.br

André Pedrotti Flores
(11) 3032-6745
www.andrepedrottiflores.com.br

• Seu forte ainda são os lindos arranjos de flores, porém ele faz toda a decoração de sua festa.

Armazém das Flores
(11) 3044-3698
www.armazemdasfloressp.com.br

• Além de ser uma ótima floricultura, eles fazem a decoração para todos os tipos de evento.

Bothânica Paulista
(11) 3037-7401
www.bothanica.com.br

Brasil Festas
(11) 6618-3980

Carlos Flores
(11) 3672-5199
www.carlosflores.com.br

• Esta firma faz a decoração floral de toda a cerimônia de seu casamento.

Clarice Mukai
(11) 3835-2863

• A paisagista Clarice Mukai surpreende com seus arranjos de muito bom gosto e com a mistura criativa de seus objetos de cristal e cerâmica.

Design em Flor
(11) 3051-3838

Dona Flor
(11) 9935-3058

Empório das Flores
(16) 3911-2767

Escarlate Flores e Design
(11) 3085-1704

Fátima Casarini
(11) 3021-4204

Flavio Rocco
(11) 3085-1514

Flor & Cia.
(11) 5055-2010
www.florecia.com.br

Flores Martinho
(11) 5631-2040

Flores On Line
(11) 3836-6498
www.floresonline.com.br

Floris Decor
(11) 3773-8257
www.florisdecor.com.br

• Desde a ambientação de flores até a decoração total de seu jantar ou evento. Adaptam-se muito bem ao desejos de seus clientes.

Flower People
(11) 3726-7040
www.flowerpeople.com.br

• Com mais de mil eventos contabilizados em dez anos de sucesso, as três sócias estão antenadas para as novas tendências em suas decorações.

Hilma Flores
(11) 3721-9230

Leonor Flores
(11) 3081-4011
www.leonorflores.com.br

• Especialista em flores, também decora ambientes de festas.

Monica Rezende Flores
(11) 3721-2587

• Monica atende pessoalmente cada cliente. Seu trabalho alcança um resultado colorido com flores raras, vidros e velas.

Sta. Gemma Casa de Flores
(11) 3842-9400
www.stagemma.com.br

• Assessoria em flores para todo tipo de evento.

Studio Flora Sodré
(11) 3726-7047
www.studioflora.com.br

• Anna Flora tradicional e elegante, seu trabalho é muito conhecido nos salões de São Paulo.

Styllus Flowers
(11) 3823-0936
(11) 8464-8096
www.stillusflowers.com.br

Valéria Dressano
(11) 5542-2677

Victória Flores
(11) 3078-6204

FOTÓGRAFOS E *VIDEOMAKERS*

DISTRITO FEDERAL

Al Comércio
(61) 3274-0399

Aldemir
(61) 3561-0203
(61) 9901-5880

Alexandre Muradas
(61) 3322-8031
(61) 3324-2034
alexandremuradas@yahoo.com.br

Ana Arte
(61) 3326-1349

BG Press
(61) 3328-8434
www.bgpress.com.br

Cláudia Andrade
(61) 3351-0332
(61) 8417-8927

Denis Digital
(61) 3273-4802
(61) 9982-3220
denisdigital@hotmail.com

Di Souza Studio Fotográfico
(61) 3364-3333
(61) 9975-4482
disouza@terra.com.br

Estúdio G
(61) 3364-2361

Haroldo Cardoso
(61) 3248-5363
(61) 3365-4491

Herval Pires – Fotografia Social
(61) 3364-3846
(61) 8116-8195

Ilha da Imagem
(61) 3367-0800

Intervideo Produções
(61) 3242-5720
(61) 3443-7017
intervideo@brturbo.com.br

Julio Dutra
(61) 3327-0449
(61) 9972-6414

Kiko
(61) 9994-1188

Lincoln Iff
(61) 3346-5538

Marcos Araujo
(61) 3244-7002
www.marcosaraujo.com.br

Omni Vídeo
(61) 3346-0095

RB Produções
(61) 3244-1801
(61) 8139-8091
rbproducoes1@ig.com.br

Studio Focus
(61) 8121-1948
(61) 8165-2631

Studio G Retrata
(61) 3364-2361

Tallentus Photografic
(61) 3561-4011

Willian Paula
(61) 3964-7511
(61) 8432-0408

MINAS GERAIS

Agência 1º Plano
(31) 3466-8110
www.ag1plano.com.br

Ápice Produções
(31) 3486-8690
www.apiceproducoes.com.br

Art Foco
(31) 3476-7727
(31) 9104-3179
valeria@artfoco.com.br

Axel Produções
(31) 2127-0834
www.axelproducoes.com.br

Carlos Olímpia
(31) 3418-7260

Diox Vídeo Arte
(31) 3047-9194
(31) 8738-9194
www.dioxvideoarte.com.br

Gravasom e Imagem
(31) 3071-3091
(31) 3071-3052
www.gravasom.com.br

Márcia Chernizon
(31) 3443-5633
www.marciachernizon.com.br

Mariel Pelli
(31) 3337-3216
www.marieleantonio.com.br

Mil Meios
(31) 3297-2279
www.milmeios.com.br

Objeto Direto Estúdio Fotográfico
(31) 3371-3077
www.objetodireto.com.br

Olharia
(31) 3281-5422
olharia@yahoo.com.br

PNC Comunicação
(31) 3227-7770
www.pnc.com.br

Richard Vídeo
(31) 3241-7057
richardvideoprod@terra.com.br

Wagner Tibiriça
(31) 3412-1295
www.wtibira@uol.com.br

Why Vídeo
(31) 3291-3290
www.whyvideo.com.br

WPA Photo
(31) 3473-3768
(31) 9984-5501
wpaphoto@terra.com.br

RIO DE JANEIRO

Alexander Landau
(21) 2611-4729
(21) 8103-6891
www.alexanderlandau.com.br

Anjo Fotografia
(21) 2242-6767
www.anjofotoevideo.com.br

Aszmann
(21) 2257-0726
aszmannfotografias@globo.com

Ayrton Fotos
(21) 2225-7303
(21) 9982-6313
job@ayrton.com

Clean Studio
(21) 2710-2901
(21) 9952-7030
cliente@cleanstudio.com.br

Clip Studio
(21) 2610-2125
www.clipstudio.com.br

Cristina Granato
(21) 2274-2663
(21) 9995-6651
cgranato@uninet.com.br

Dom Imbroisi Studio
(21) 2568-7843
(21) 9985-2740
domfotos@hotmail.com

Espaço da Foto
(21) 2509-3502
www.espacodafoto.com.br

Fernando Manhães
(21) 2613-0922
(21) 9615-2766
vtv@e78.microlink.com.br

Flavius
(21) 2431-3087
flavius@flavius.com.br

Fredo
(21) 3477-3000
(21) 8888-2300
fredo-fotografias@bol.com.br

Gabriel Jabour
(21) 2491-1078
(21) 9626-8668

Geraldo Valadares
(21) 9632-6394

Gilda Cotrim
(21) 2527-1267
(21) 9608-8591
gildacotrim@uol.com.br

Gláucio Lacerda
(21) 2527-7544
(21) 9988-9702
www.glauciolacerda.com.br

Greiffotografia
(21) 2551-4777
(21) 9863-6845
sgreif@ig.com.br

Isabel Becker
(21) 9612-0988
belbecker@uol.com.br

Jean Jacques
(21) 2274-4070
(21) 9118-8910
jjfotobrasil@aol.com

Lab Studio
(21) 3899-3636
(21) 3899-8686

Luis Antonio Rebelo
(21) 2447-3983
(21) 9753-4983
luisdorio@hotmail.com

Luiz Alberto Medeiros
(21) 2258-2000
(21) 8151-8849
www.luizalbertomedeiros.com.br

Marcelo de Mattos
(21) 25224299
(21) 8793-9002
mattosmar@hotmail.com

Marcio Sheeny Photography
(21) 2262-3571
(21) 9130-4123
www.marcosheeny.com

Marco Rodrigues
(21) 2274-5204
(21) 9919-5238
www.marcorodrigues.com.br

Murillo Tinoco
(21) 9152-3916
murillotinoco@globo.com

Paulo Jabour
(21) 2274-1470
(21) 9626-2904

Renato Moreth
(21) 2714-2200
renatomoreth@uol.com.br

Ribas Studio
(21) 2521-0157
(21) 8103-6198
www.ribasfotoevideo.com.br

Ricardo Gama
(21) 2552-8504
(21) 9922-5851
gamafoto@terrra.com.br

Roberto Cury
(21) 2498-6166
(21) 9976-1394
robec7@uol.com.br

Sérgio Medeiros
(21) 2295-8556
(21) 9989-8513
fotografando@globo.com

Sérgio Pagano
(21) 2227-6131
(21) 8121-4684
sergiopagano@terra.com.br

Studio A
(21) 2254-1502
(21) 9819-9201

Vera Donato
(21) 2547-7723
(21) 9851-2732

Victor e Valério Miguel
(21) 2257-1869
(21) 7816-3418
victorfoto@globo.com

Webert Foto & Vídeo
(21) 3185-5513
(21) 8886-2807

Zoomfoto
(21) 2617-6642
(21) 9977-8486
rafael@zoomfoto.net

SÃO PAULO

Adonai Foto e Imagem
(11) 6174-0928

Alice Lima Fotografia
(11) 3057-1059
(11) 3884-9331
www.alicelima.com.br

Alves Studio Eventos
(11) 6455-3683
(11) 6485-8662
www.alvesstudio.com

Amauri Domingos
(11) 3044-6016
www.amauridomingos.com.br

Andrade P. Foto&Vídeo
(11) 3717-3026
(11) 7810-2788
www.andradeproduc.com.br

Andrea Ribeiro
(11) 8567-1000
contato@andrearibeiro.com.br

Andrea's Fotos e Vídeo
(11) 5041-7865
(11) 5543-0849
www.andreasproducoes.com.br

Andreoni Photograph
(11) 3816-6114
www.marcosandreoni.fot.br

Anna Quast
(11) 3742-4159
(11) 9157-6700
www.annaquast.com.br

Arte e Show
(11) 6236-4426

Aurelia Amaral e Leonardo Palomino
(11) 6674-1494
(11) 6672-2625

FOTÓGRAFOS E VIDEOMAKERS

Beto Riginik
(11) 3845-0777
www.betoriginik.com.br

Camila Butcher
(11) 3865-5401
www.camilabutcher.com

Camila Guerreiro Filmagem
(11) 3815-5191
www.camilaguerreiro.com.br

Carola Montoro
(11) 3722-1752
www.carolamontoro.fot.br

Célia Thomé
(11) 3062-6277
(11) 3063-5039
www.celiathome.com.br

Cissa Sannomiya e Flávia Vitória
(11) 3079-7459
www.flaviaecissafotografia.fot.br

Clarissa Rezende Fotógrafa
(11) 3722-0198

Claudia Mifano
(11) 3663-2619

CM Fotos e Vídeo
(11) 6855-0437
(11) 9666-3236
www.companhiafotovideo.com.br

CN Foto&Vídeo Produções
(11) 5661-7619

Dani Pacces Fotografias
(11) 3167-1926
www.danipacces.com.br

Demian Golovaty
(11) 8296-9969
www.demiangolovaty.com.br

Domitilia & D'Alessandro Photographya
(11) 4169-7669
(11) 3032-6065
www.photographya.com.br

Eliana Waissmann Filmagem
(11) 3673-3692
www.elianawaissmann.com.br

Fábio Laub e Fernando Ricci
(11) 3814-4078
www.fabiolaub.com.br

Fernanda Scott
(11) 3812-7034
www.fernandascott.com.br

Flavia Vitória
(11) 3079-7459

Foto Azul
(11) 3032-8711
www.fotoazul.com.br

Honor Filho
(11) 4426-2005
www.honorfilho.com.br

Ioram Finguerman
(11) 3873-1338
(11) 9151-2537
www.ioram.com.br

Isaac Kremer Linguagem Vídeo
(11) 3884-1020
www.isaackremer.com.br

Laborprime
(11) 4453-6677
(11) 4973-0668
www.laborprime.com.br

Leandro Donato
(11) 6162-5874
www.leandrodonato.com.br

Luciana Cattani Fotografia
(11) 3168-7483
www.lucattani.com.br

Marcos Andreoni
(11) 3816-6114
www.marcosandreoni.com.br

Marina Malheiros
(11) 3044-6016
www.marinamalheiros.com.br

Nellie Solitrenick
(11) 3051-7932
www.nellie.com.br

Renata Xavier Fotógrafa
(11) 2711-3708
www.renataxavier.com.br

Roberto Vilela Filmagem
(11) 3045-0771
www.eusouocara.com.br

Solange Del Pozzo
(11) 5096-3248
www.solangedelpozzo.com.br

Taty Studio Foto
(11) 6966-8321

Ventuarte
(11) 6346-4727
(11) 3451-8966
www.ventuarte.com.br

Vinícius Credídio Filmagem
(11) 5542-1149
www.viniciuscredidio.com.br

Web Fotos
(11) 8208-5956
www.webfotos.com.br

Yamanda Foto e Vídeo
(11) 6914-7454
(11) 9615-7399

GARÇONS, MAÎTRES E COPEIRAS

DISTRITO FEDERAL

A&L Festas
(61) 9106-9453
larissanaraujo@gmail.com.br

MINAS GERAIS

Adalberto de Oliveira - Equipe para Festas
(31) 9202-6015
bafx_@hotmail.com

Apollos Waiters
(31) 3393-7849
(31) 9904-7310
www.apollosbh.hpg.com.br

Bravo Entretenimento
(31) 3423-6004
(31) 8835-2810
www.bravobrasil.com

Camarero
(31) 3223-8783

Cocktail & Cia
(31) 3433-8778
(31) 9102-8090
cocktailcia@cocktailcia.com

Juliano Dias
(31) 3397-1409
(31) 8769-7488
juliano.manutencao@novasuissa.com.br

Luiz Gustavo Pereira
(31) 3435-5957
(31) 9183-5139
luizgpereira@yahoo.com.br

RIO DE JANEIRO

A Festa.com
(21) 2412-8296
(21) 9722-5584
afesta.com@ig.com.br

Absolut Festas
(21) 2451-2633
(21) 9269-7849
rpagodeirobartender@bol.com.br

André Luiz e Cia.
(21) 3354-9935
(21) 8197-5853

Antonio Garçom
(21) 9805-0054

Artesanato da Festa
(21) 9248-0549
scoppe@bol.com.br

Boteco Nota 10
(21) 3278-4753
(21) 9374-1015
marise_esteves@yahoo.com.br

Bruno Costa
(21) 3245-6982
(21) 9391-0076

Catering and People
(21) 9867-8977
www.cateringandpeople.com.br

Diego
(21) 2285-2777
(21) 9283-8342

Equipe Guido
(21) 3403-0874
(21) 9164-9273
guido.dourado@bol.com.br

Equipe Show de Festas
(21) 2204-1057
(21) 8116-4795

Marcos Ribeiro
(21) 3384-9121
(21) 9268-1117
katatauhrc@hotmail.com

Men Days
(21) 2671-7340
(21) 7827-0665
mendays@uol.com.br

MIB Service
(21) 3902-6003
(21) 8727-4444
mibservice@superig.com.br

Oswaldo Batista Almeida
(21) 2717-8421
(21) 8751-0771
oswaldoalmeida3004@ig.com.br

Paulo Jorge Delazeri
(21) 2556-6007
(21) 9803-8995
pjdelazeri@hotmail.com

Top Waiters
(21) 2227-4577
(21) 2227-5652
eventospriscilafranco@superig.com.br

Valencia Promoções e Eventos
(21) 2286-5034
patricia_francois@terra.com.br

SÃO PAULO

Artcoquetel
(11) 5093-5990
www.artcoquetel.com.br

Benedita Baptista
(11) 3981-1926
www.beneditacopeiras.com.br

Cerne hostess
(11) 3812-4845
(11) 3812-7904

Garçons e Cia.
(11) 9186-9658

Help Bar
(11) 3032-4450
www.helpbar.com.br

Shakers
(11) 5531-3041
www.shakers.com.br

IGREJAS E SINAGOGAS

IGREJAS CATÓLICAS

DISTRITO FEDERAL

Catedral Metropolitana Nossa Senhora Aparecida
(61) 3224-4073
www.catedral.org.br

Igreja de Nossa Senhora de Nazaré
(61) 3365-2963

Igreja de Nossa Senhora do Perpétuo Socorro do Lago Sul
(61) 3248-0430
www.nsps.com.br

Santuário Dom Bosco
(61) 3223-6542
www.santuariodombosco.com.br

MINAS GERAIS

Igreja da Boa Viagem
(31) 3222-2361 - Funcionário

Igreja de Lourdes
(31) 3213-4656 - Lourdes

Igreja Sagrado Coração de Jesus
(31) 3372-7118 - Nova Granada

Igreja São José
(31) 3273-2988 - Centro

Nossa Senhora Rainha
(31) 3286-3034 - Belvedere

RIO DE JANEIRO

Bom Pastor
(21) 2284-0936 – Tijuca
obompastor@bol.com.br

• Tradicional igreja da Tijuca, onde se celebram muitos batizados e casamentos.

Capela de Santa Ignês
(21) 2274-2402 – Gávea

• Capela simpática e intimista, presta-se muito bem a uma cerimônia matinal com flores do campo.

Capela de Santa Terezinha (Palácio Guanabara)
(21) 2299-5204 – Laranjeiras

• Em estilo neocolonial, fica nos jardins do Palácio Guanabara.

Capela Mayrink
Floresta da Tijuca

• Capela pequena, possui painel de Portinari.

Capela Real de Nossa Senhora das Graças
(21) 2274-5314 – Flamengo
www.capelareal.com.br

• Erigida há 268 anos, pertenceu a família real. Foi recentemente restaurada.

Catedral de São Sebastião
(21) 2240-2669 – Centro
catedral@fst.com.br

• Igreja moderna, localizada no centro do Rio de Janeiro.

Cristo Redentor
(21) 2558-5179 – Laranjeiras

• Ideal para cerimônias mais simples.

Imaculada Conceição
(21) 2551-7948 – Botafogo
basilicaimaculada@terra.com.br

• Igreja grande e sóbria.

Mosteiro de São Bento
(21) 2291-7122 – Centro

• A igreja do mosteiro é dedicada a Nossa Senhora de Montserrat. Datada de 1690, tem um rico entalhamento barroco, banhado a ouro.

Nossa Senhora da Ajuda
(21) 3396-1058 – Ilha do Governador

• Igreja colonial tombada pelo Patrimônio Histórico Nacional.

Nossa Senhora da Candelária
(21) 2233-2324 – Centro
cande@candelaria.com.br

• Belíssima igreja situada no centro do Rio de Janeiro é apropriada para grandes cerimônias.

Nossa Senhora da Conceição
(21) 2274-5448 – Gávea

• Igreja de 1852 é a padroeira do bairro.

Nossa Senhora da Divina Providencia
(21) 2294-5642 – Jardim Botânico
orione@openlink.com.br

• Igreja simpática, arquitetura simples e charmosa.

Nossa Senhora da Glória
(21) 2225-0735 – Catete

IGREJAS CATÓLICAS

- Antiga e bonita, imponente para qualquer cerimônia.

Nossa Senhora da Glória do Outeiro
(21) 2557-4600 – Glória
- A igreja escolhida pela família Imperial para os batizados e casamentos da corte.

Nossa Senhora da Luz
(21) 2492-2144 – Alto da Boa Vista
nsdaluz@terra.com.br
- Situada no meio da Floresta da Tijuca, no Alto da Boa Vista.

Nossa Senhora da Paz
(21) 2523-1666 – Ipanema
nspaz@infolink.com.br
- Tradicionalíssima igreja da zona sul carioca.

Nossa Senhora da Vitória
(21) 2433-3764 – Barra da Tijuca
nsvitoria@terra.com.br
- Localizada no condomínio Alfa Barra.

Nossa Senhora das Graças
(21) 2266-4166 – Botafogo

Nossa Senhora de Bonsucesso
(21) 2220-3001 – Centro
- Uma das mais antigas igrejas do Rio de Janeiro, constitui um dos exemplos mais belos do barroco brasileiro.

Nossa Senhora de Copacabana
(21) 2548-5095 – Copacabana
pnsdecopacabana@aol.com
- Moderna, simples e bonita.

Nossa Senhora de Loreto
(21) 3392-4402 – Jacarepaguá
loreto@loreto.org.br

Nossa Senhora do Brasil
(21) 2295-0496 – Urca
- Simpática, alegre e clara.

Nossa Senhora do Carmo da Antiga Sé
(21) 2242-7766 – Centro
- A antiga Catedral é um belo exemplo do barroco colonial.

Nossa Senhora do Monte do Carmo
(21) 2242-4828 – Centro
- Mais uma das antigas e imponentes igrejas barrocas do centro.

Nossa Senhora do Rosário
(21) 2275-3299 – Leme
pnsrleme@terra.com.br
- Igreja imponente, de linhas sóbrias.

Ressurreição
(21) 2522-7698 – Copacabana
- Situada no Posto 6, é uma igreja bem moderna.

Sagrado Coração de Jesus
(21) 2509-0044 – Glória
- Tradicional e imponente.

Sagrados Corações
(21) 2268-3118 – Tijuca
ssccrj@terra.com.br

Santa Cruz (Clube Naval Piraquê)
(21) 2512-8768 – Lagoa
- Capela simpática e intimista, ideal para cerimônias pequenas.

Santa Cruz dos Militares
(21) 2509-3878 – Centro
- Igreja barroca e imponente.

IGREJAS CATÓLICAS

Santa Luzia
(21) 2220-4367 – Centro
• Igreja preferida de D. João VI.

Santa Margarida Maria
(21) 2286-9596 – Lagoa
• Tradicional igreja da zona sul, ampla, para grandes cerimônias.

Santa Mônica
(21) 2512-8657 – Leblon
• Igreja moderna e sóbria.

Santa Terezinha do Menino Jesus
(21) 2295-5197 – Botafogo
• Igreja de linhas sóbrias, elegante.

Santíssima Trindade
(21) 2553-3114 – Flamengo
ssta@openlink.com.br
• Ampla e tradicional.

Santo Afonso
(21) 2264-6162 – Tijuca
• Igreja sóbria e imponente, tradicional da Tijuca.

Santo Antonio do Largo da Carioca
(21) 2262-0129 – Centro
• Igreja do Convento de Santo Antonio, exemplo do colonial carioca.

São Camilo de Lellis
(21) 2238-3509 – Usina

São Conrado
(21) 3322-0560 – São Conrado
• Capela simples, simpática, própria para cerimônias íntimas.

São Francisco de Paula
(21) 2509-0070 – Centro
• Data de 1759, nave belíssima, eminentemente barroca, imponente.

São Francisco de Paula
(21) 2494-5746 – Barra da Tijuca
• Igreja simples e moderna.

São João Batista
(21) 2538-2926 – Botafogo

São José
(21) 2294-6549 – Lagoa
psaojose@terra.com.br
• Igreja moderna, de linhas arrojadas, interior simples.

São José
(21) 2570-8032 – Tijuca

São Judas Tadeu
(21) 2225-1128 – Cosme Velho
• Tradicionalíssima e ampla igreja da zona sul carioca.

São Marcos
(21) 2498-4367 – Barra da Tijuca
• Igreja moderna situada em condomínio fechado.

São Paulo Apóstolo
(21) 2255-7547 – Copacabana
p.saopauloapostolo@terra.com.br
• Igreja bonita e moderna.

São Pedro de Alcântara – Reitoria
(21) 2295-1595 – Urca
• Linda e imponente capela, apesar de ser pequena. Para cerimônias mais intimistas.

Senhor Bom Jesus do Monte
(21) 3397-0270 – Paquetá
• Igreja do século XVIII.

SÃO PAULO

Catedral Anglicana de São Paulo
(11) 5686-2180 – Alto da Boa Vista
www.catedral-anglicana.org.br

Catedral da Sé
(11) 3107-6832 – Centro

Catedral Metropolitana Ortodoxa Antioquina
(11) 5549-8146 – Paraíso
www.catedralortodoxa.com.br

Igreja São Luiz Gonzaga
(11) 3231-5954 – Cerqueira César
www.saoluiz.org.br

Mosteiro de São Bento
(11) 3328-8799 – Centro
www.mosteiro.org.br

Nossa Senhora do Brasil
(11) 3082-9786 – Jardim América
www.nossasenhoradobrasil.com.br

Nossa Senhora do Perpétuo Socorro
(11) 3081-3446 – Jardim Paulista
www.perpetuosocorro.com.br

Paróquia Coração Imaculado de Maria – PUC
(11) 3862-2498 – Perdizes
www.capelapuc.org.br

Paróquia Cruz Torta
(11) 3031-8554 – Alto de Pinheiros
www.cruztorta.org.br

Paróquia de Santo Ivo
(11) 5571-8214 – Jardim Lusitânia

Paróquia de São Gabriel Arcanjo
(11) 3887-4839 – Jardim Paulista

Paróquia de São Pedro e São Paulo
(11) 3813-4183 – Jardim Guedala
www.paroquiaspsp.cpm.br

Paróquia Imaculado Coração de Maria
(11) 3666-0756 – Higienópolis
www.igrejacoracaodemaria.org.br

Paróquia Santa Teresinha
(11) 3667-5765 – Higienópolis

Paróquia São Bento
(11) 3501-1155 – Morumbi

Paróquia São Francisco de Assis
(11) 3106-0081 – Centro

Paróquia São José
(11) 3082-2677 – Jardim Europa

SINAGOGAS

RIO DE JANEIRO

Grande Templo Israelita do Rio de Janeiro
(21) 2232-3656 – Centro

Sinagoga Agudat Israel
(21) 2294-3138 – Leblon

Sinagoga Beit Aaron
(21) 2225-3507 – Laranjeiras

Sinagoga Bem Yehuda Monte Sinai
(21) 2284-9812 – Tijuca

Sinagoga Beth-El
(21) 2548-5545 – Copacabana

Sinagoga Centro Israelita Niterói
(21) 2620-8598 – Niterói

Sinagoga da Ari
(21) 2156-0444 – Botafogo

Sinagoga Kehilat Moriah
(21) 2235-3110 – Copacabana

Sinagoga Kehilat Yaacov
(21) 2255-0191 – Copacabana

Sinagoga Maimônides
(21) 2548-3413 – Copacabana

Sinagoga Talmud Torah Hertzila
(21) 2569-3958 – Tijuca

Templo Sidon
(21) 2268-3392 – Tijuca

Templo União Israel
(21) 2288-1753 – Tijuca

União Israelita Shel Guemilut Hassadim
(21) 2541-7449 – Botafogo
sinagoga.shel@openlink.com.br

SÃO PAULO

Beit Chabad Morumbi
(11) 3031-4555 – Morumbi
www.chabadmorumbi.com.br

Centro Judaico Bait
(11) 3663-2838 – Higienópolis
www.bait.org.br

Congregação Isrealita Paulista
(11) 6808-6299 – Consolação
www.cip.org.br

Sinagoga da Hebráica
(11) 3818-8809 – Jardim Paulistano
www.hebraica.org.br

ILUMINAÇÃO, SONORIZAÇÃO E MULTIMÍDIA

Firmas de iluminação, sonorização e multimídia são de extrema importância. Iluminação e som costumam caminhar juntos em um evento, e por este motivo as firmas costumam fazer ambos. É possível que você descubra que a firma que está orçando luz ou som para seu evento, faça as duas coisas.

DISTRITO FEDERAL

Audilume
(61) 3376-0534
(61) 8132-3372

Ilha da Imagem
(61) 3367-0800
www.ilhadaimagem.com.br

RB Produção
(61) 3244-1801
(61) 8139-8091

RMS Som & Luz
(61) 3382-4589
(61) 9954-7208
www.rmssomluz.com.br

Top Sound Light Design
(61) 3233-0176
(61) 3233-0145
www.topsound.com.br

Uni Som
(61) 3346-3372

MINAS GERAIS

Alex Som
(31) 9123-3090

Amplitude Eventos – Efeitos Especiais
(31) 3451-1227
www.amplitudeeventos.com.br

Aquarius Som e Iluminação
(31) 3433-1516

Audio Universom
(31) 3463-8445

Cia. Da Mídia
(31) 3392-2194
www.ciadamidia.com.br

Datashow Multimídia
(31) 3284-8548
(31) 3223-1589

Equipe 1
(31) 3481-3659
www.equipe1someluz.com.br

Gravasom e Imagem
(31) 3071-3091
(31) 3071-3052
www.gravasom.com.br

J A Produções de Eventos
(31) 3024-2416
(31) 9103-1177
www.japroducoeseventos.com.br

Ms Produção de Eventos
(31) 3496-4436
(31) 8784-0556
www.msproducoeseeventos.com.br

Ophicina da Luz
(31) 3287-2220

Over Dance
(31) 3387-0257
(31) 8812-0270

Prodel Eventos
(31) 3221-9877
(31) 3223-4488
www.prodelbh.com.br

Projetar
(31) 3284-1828
(31) 8726-0461

Raytel Multimídia
(31) 3421-1888
(31) 3421-1844
www.raytel.com.br

Som BH
(31) 3411-2841
www.sombh.com.br

Somtec
(31) 3412-0737
www.somtec.com.br

Top Laser Show
(31) 3293-2020
www.toplasershow.com.br

Vagalumes Iluminação Cênica
(31) 3462-9255
bbligh@ig.com.br

Verticalvert Eventos
(31) 3313-2780
www.verticalvert.com.br

Zoom Light Iluminação
(61) 9555-9051
juliozoomlight@hotmail.com

RIO DE JANEIRO

Alexandre Canelas
(21) 2771-6072
(21) 9988-5982
mheventos@emocion.com.br

Cappelli e Guanabara
(21) 2512-0800
www.cappelli.com.br

• Som, luz e telão para projeções.

Carioca Produções
(21) 3455-9150
www.cariocaproducoes.com.br

• Sonorização, iluminação decorativa e bandas ao vivo.

Carlos Eduardo
(21) 2595-8992
(21) 9618-1711
www.carloseduardosomeluz.com.br

• Há 13 anos fazendo sonorização e iluminação de eventos com efeitos especiais.

DM Light
(21) 7816-6521
www.dmlight.com.br

Equipe New Sound
(21) 2264-8247
(21) 8606-8287
www.equipenewsound.com.br

• Sonorização, iluminação e música dos anos 1960, com equipamentos de última geração.

Grandizon
(21) 3902-1878
(21) 7838-2632
atendimento@grandizon.com.br

H.Stagging Plasma
(21) 2508-9898

Jorginho de Carvalho
(21) 2547-3239
(21) 2549-7836

M2 Eventos
(21) 2259-7026
(21) 9639-4502
www.m2eventos@hotmail.com

• Sonorização mecânica, iluminação robótica e decorativa, e imagem em telões e plasmas.

Marcos Dumit
(21) 2424-0863
(21) 8849-5927

Milton Giglio
(21) 2205-2652
(21) 9919-5547
miltongiglio@terra.com.br

Obadia
(21) 2205-9497
(21) 7845-5847
www.obadia.com.br

• Iluminação decorativa e de pista, e sonorização para cerimônias e DJ's.

Paulo David
(21) 2246-8404
(21) 8855-8404
pdgusmao@ig.com.br

Pólux Som e Luz
(24) 2291-4940

• Sonorização e iluminação de qualquer evento.

Power Station
(21) 3872-1770
(21) 9124-1614
www.powerstation.com.br

• Produz efeitos especiais, usa canhões seguidores e faz chuva de prata.

RS Sistemas
(21) 2179-7136
(21) 2179-7137
www.rssistemas.com.br

• Ruy é um inovador, suas festas têm sempre iluminação inédita.

Prallon – Roberto
(21) 2438-2675
(21) 9985-2369
www.prallon.com.br

• Luz decorativa, velas, sonorização.

Sintonia Carioca
(21) 3459-6754
(21) 7830-4496
www.sintoniacarioca.com.br

• Iluminação decorativa com efeitos especiais.

Som e Iluminação
(21) 3333-2383
(21) 9204-3646

• Como o próprio nome diz, faz sonorização e iluminação de eventos.

Som e Luz.com
(21) 3473-0002
(21) 7836-8421
www.someluz.com

• Iluminação personalizada para pistas de dança e eventos em geral, sonorização de ambientes ou pistas de dança.

Two Lights
(21) 2580-3654
(21) 9989-3859
www.twolights.com.br

• Iluminação decorativa para qualquer tipo de evento.

Versatium
(21) 2575-5502
www.versatium.com.br

SÃO PAULO

ADL Iluminação de Eventos
(11) 6518-3388

Alexandre Japiassu Som & Iluminação
www.japiassu.com.br

• Som para pistas de dança, shows e cerimônias, iluminação decorativa.

Ambiente Lighting
(11) 3831-2269
www.ambientelighting.com.br

• Pistas de dança e ambientes personalizados com os equipamentos mais modernos. Auxilia na decoração do evento.

AV Locação de Equipamentos Multimídia para Eventos
(11) 3661-0558
www.avlocacao.com.br

Blackout
(11) 6702-7065
www.blackouteventos.com.br

Fla-com
(11) 4137-7736
(11) 4137-9009
www.flacom.com.br

• Locação de equipamento multimídia.

Gorgeous Produções & Eventos
(11) 3872-6640
www.gorgeous.com.br

• Criatividade nas soluções para som, vídeos e iluminação de ambientes. Estilo inovador que está conquistando o mercado.

Logic Sound
(11) 3727-2472
www.logicsound.com.br

LPL Lighting Productions
(11) 6239-1038
www.lpl.com.br

• Quase 40 anos de experiência em iluminação de festas, gravações em DVD e outros serviços.

Mack Produções
(11) 3816-5558
www.mackproducoes.com.br

• Sonorização, iluminação, efeitos especiais de iluminação com raio laser, vídeos e geradores.

Marcelo Conde Som Profissional
(11) 3835-2224
www.marceloconde.com.br

• Casamentos e eventos corporativos. Trabalha também com iluminação.

MB Produções
(11) 3813-7589

• Som e iluminação. Referência no mercado paulista de festas.

Miami Produções
(11) 5971-4439

Nando Jones Entertainment
(11) 2193-3324
www.nandojones.com.br

• Trilhas sonoras personalizadas. Assessora a organização de toda a festa.

Perfil Lighting Design
(11) 3832-9850
(11) 8141-9352
www.perfililightingdesign.com.br

RD Produção de Eventos
(11) 3095-9500
www.ricardodias.com.br

• Iluminação e som para eventos.

Ricardo Riscala
(11) 9792-4474

Sky Light
(11) 3062-3532
(11) 9321-4444
www.luzdefesta.com.br

SP3 Produções
(11) 3813-1164
www.sp3.com.br

Stage Luz e Magia
0800-154448
www.stageluzemagia.com.br

• Com aparelhagens moderníssimas presta ótimos serviços de iluminação nas melhores festas de São Paulo.

Stunt
(11) 4083-8933
www.stunt.com.br

WDB
(11) 3726-7010
www.wdb-eventos.com.br

LOCAIS PARA FESTAS E EVENTOS

CASAS DE FESTAS

DISTRITO FEDERAL

Espaço Multi Design
(61) 3248-5075
(61) 9232-5820
www.espacomulti.com

Maison Festas
(61) 3631-4647
(61) 9961-6534
www.maisonfestafsa.com.br

CASAS DE FESTAS

Maison Givanchyr
(61) 3039-6209
(61) 9939-7336
casadefestas@bol.com.br

Mansão Imperial
(61) 3356-6990
(61) 3336-6217
www.mansaoimperial.com.br

Mansão Oásis
(61) 3366-3133

Mansão Varandas Park
(61) 3568-9994

Multiflores
(61) 3568-2922
(61) 9981-0088
www.multiflores.kit.net

Portinary
(61) 3563-3015
(61)99701715
www.portinary.com

Recanto das Garças
(61) 3500-3461
(61) 9951-3461
www.recantodasgarcas.com.br

Solarium Eventos
(61) 3468-5644
(61)3468-5660
www.solariumeventos.com.br

Villa Rizza
(61) 3223-8253
(61) 3226-9327
www.villarizza.com.br

MINAS GERAIS

Águas do Treme Lake Resort
(31) 3299-7600 – Inhaúma
www.aguasdotreme.com.br

Bella Vista Convention
(31) 3011-9595 – Vila da Serra
www.altavila.com.br

Casa Bernardi
(31) 3335-2397 – Cidade Jardim
www.casabernardi.com.br

Catharina Buffet
(31) 3342-2334 – Estoril
www.buffetcatharina.com.br

Doce Companhia
(31) 3451-0418 – Planalto
www.docecompanhia.com.br

Espaço Amsterdam
(31) 3042-1513
(31) 3392-2194 – Contagem
www.espacoamsterdam.com.br

Espaço Luminis
(31) 3223-3040 – Funcionários
www.luminis.com.br

La Tertulia
(31) 3466-1191 – Santa Efigênia
www.latertulia.com.br

Mix Garden
(31) 3581-3881
(61) 9696-0601 – Jardim Canadá
www.mixgarden.com.br

Niágara Centro de Eventos
(31) 3581-2122 – Jardim Canadá
www.niagaraeventos.com.br

Sítio Sossego
(31) 3474-1777 – Bairro Nacional
www.sitiosossego.cjb.net

Terraço Soutto Mayor
(31) 3526-3131 – Santo Antonio
www.souttomayor.com.br

RIO DE JANEIRO

Bosque da Fazenda
(21) 2446-4460 – Jacarepaguá
www.bosque.com.br
• Com uma grande área verde, é ideal para todo tipo de eventos.

Caravelas Eventos
(21) 2539-0598 – Botafogo
www.caravelaseventos.com.br

Casa Bosque da Gávea
(21) 3387-8574 – Gávea
www.casabosquedagavea.com.br

CASAS DE FESTAS

Casa de Cultura Julieta de Serpa
(21) 2551-1278 – Flamengo
www.casajulietadeserpa.com.br

• O que há de melhor em qualidade e requinte na realização de eventos.

Casa das Canoas
(21) 3322-0640 – Barra da Tijuca
www.casadascanoas.com.br

• Eficiência e elegância aliadas a pioneirismo.

Casa de Espanha
(21) 2536-3150 – Humaitá
eventos@casadeespanha.com.br

• Um espaço muito versátil e simpático para abrigar seu evento.

Casa do Alto
(21) 2288-4747 – Alto da BoaVista
www.casadoalto.com.br

Casa do Canal
(21) 2493-2029 – Barra da Tijuca
www.casadocanal.com.br

• Casa simpática e pronta para receber qualquer tipo de decoração com aconchego.

Chalés de Vargem Grande
(21) 2431-7032 – Vargem Grande
www.chalesdevargem-grande.com.br

• Local que produz um clima mágico para festas e eventos.

Chateau Du Mont
(24) 2242-4365 – Petrópolis
www.chateaudumont.com.br

• Linda propriedade em Petrópolis pronta para eventos.

Chateau La Glorie
(21) 2487-8534 – Recreio
www.chateaulaglorie.com.br

Club Lounge
(21) 2495-2473 – Barra da Tijuca
www.clublounge.com.br

• Espaço versátil, moderno e elegante.

Costa do Sol
(21) 2492-2257 – Alto da Boa Vista
www.costadosoleventos.com.br

• Antiga churrascaria, sofreu uma grande transformação e hoje é uma casa de festas moderna e luxuosa.

Espaço & Buffet Victoria
(21) 2540-9017 – Lagoa
www.complexovictoria.com.br

• Vista privilegiada, ambiente elegante e eficiente infra-estrutura de segurança e *valet parking*. O Victoria é um excelente espaço dentro do Jockey Club na Lagoa. Bufê recomendado.

Espaço 1
(21) 2572-8500 – Barra da Tijuca
www.espaco1.com.br

• Melhor vista do Alto, paisagismo e iluminação exclusivos.

Espaço 45
(21) 2484-1879 – Barra da Tijuca
www.espaco45.com.br

Garden Party
(21) 2435-1000 – Jacarepaguá
www.gardenparty.com.br

• Um novo conceito em espaços para eventos. Casas e jardins maravilhosos.

IF Espaço Múltiplo
(21) 2616-6747 – Niterói
www.ifespacomultiplo.com.br

• Esta casa de festas foi especialmente projetada para abrigar eventos de diversos tamanhos.

CASAS DE FESTAS

Lajedo
(21) 2435-9292 – Vargem Pequena
www.lajedo.com.br

• Jardins deslumbrantes em um terreno que também tem diversas casas, permitindo fazer alguns eventos ao mesmo tempo.

Lamartine
(21) 3154-3192 – Itanhangá
www.lamartine3068.com.br

• Espaço perfeito para a produção de festas. Permite a contratação de qualquer bufê e tem infra-estrutura moderna e atual.

Largo do Arruda
(21) 2494-3645 – Alto da Boa Vista
www.largodoarruda.com.br

• Belo casarão histórico do final do século XIX, de muito bom gosto.

Le Buffet
(21) 2503-5509 – Rio Comprido
www.lebuffet.com.br

• No mercado de eventos há pelo menos 35 anos com solidez. Referência carioca.

Locanda Della Mimosa
(24) 2233-5405 – Fazenda Inglesa
www.locanda.com.br

• Gastronomia e amor pelo vinho no conforto de Petrópolis há 15 anos com boa competência.

Maison Cascade
(21) 2611-3912 – Niterói
maisoncascade@terra.com.br

• Ponto de referência em Niterói.

Maison da Vila
(21) 2578-8488 – Vila Isabel
www.maisondavila.com.br

• Um requintado salão para eventos no bairro mais festeiro do Rio de Janeiro.

Maison Joá
(21) 2495-3000 – Joá
www.maisonjoa.com.br

Maison Tropical
(21) 2578-4501 – Grajaú
www.maisontropical.com.br

Mansão da Colina
(21) 2428-7738 – Vargem Grande
www.mansaodacolina.com.br

Mansão das Heras
(21) 3139-3667 – Alto da Boa Vista
www.mansaodasheras.com.br

• Casarão antigo localizado em plena Mata Atlântica, ideal para eventos sociais ou corporativos.

Mansão Rosa
(21) 2570-4922 – Alto da Boa Vista
mansaorosa@mansaorosa.com.br

• Cenário ideal, no Alto da Boa Vista, para a realização de eventos.

Mansão Saint Germain
(21) 3387-8081 – Alto da Boa Vista
www.mansaosaintgermain.com.br

• Requinte e bom gosto em ambiente aconchegante.

Mansão Vila de Noel
(21) 2258-7775 – Grajaú
www.mansaoviladenoel.com.br

Marina da Glória
(21) 2205-6716 – Glória
www.marinadagloria.com.br

• Dentro do aterro do Flamengo, seu evento num cartão-postal da Baía de Guanabara.

Milano Lounge
(21) 2522-0303 – Ipanema
www.milanodoc.com.br

• O novo *point* para jovens em Ipanema.

Patio Lounge
(21) 2274-1444 – Gávea
www.cartagourmet.com.br

• Dentre as muitas qualidades oferecidas, destaca-se o conforto de sua localização privilegiada.

Pequena Cruzada
(21) 2286-0644 – Lagoa
www.pequenacruzada.org.br

• Igreja e salão de festas com vista para a lagoa Rodrigo de Freitas.

Quinta do Chapecó
(21) 2495-9992 – Alto da Boa Vista
www.quintadochapeco.com.br

• Situada no meio da exuberante Mata Atlântica.

Ribalta Eventos
(21) 2432-6000 – Barra da Tijuca
www.ribalta.com.br

• Casa de show e centro de multieventos.

Sítio Americano
(21) 2446-4305 – Jacarepaguá
www.sitioamericano.com.br

Sítio Arvoredo
(21) 2480-8190 – Vargem Grande
www.sitioarvoredo.com.br

• Lindo jardim entre a mata e o mar.

Spazio Allegro
(21) 2491-6462 – Barra da Tijuca
www.turino.com.br

Spazio Itanhangá
(21) 2495-4450 – Itanhangá
www.spazioitanhanga.com.br

• Casa de festas bonita, dentro de um jardim intimista.

Solar do Império
(24) 2103-3000 – Petrópolis
www.solardoimperio.com.br

• Lindo palacete em estilo neoclássico, construído em 1875.

Tudo Bem Rio
(21) 2527-1291 – Botafogo
www.tudobemrio.com.br

• Casa reformada para multi-uso. Suas salas recebem até 200 convidados, desde palestrantes até festa infantil.

Vale da Boa Vista
(21) 2492-5242 – Alto da Boa Vista
www.valedaboavista.com.br

• Conforto e segurança para anfitriões e convidados.

Villa Cabral
(21) 2492-5419 – Alto da Boa Vista
www.villacabral.com.br

• Esta construção, em estilo normando, possui lindos salões rodeados por belíssimos jardins.

Villa Riso
(21) 3322-1444 – São Conrado
www.villariso.com.br

• Tradicional e elegante casa de festas com toda segurança.

Villa Valentina
(21) 3017-1422 – Jacarepaguá
www.villavalentina.com.br

Vista Maravilhosa
(21) 2265-3538 – Botafogo
www.vistamaravilhosa.com.br

• Vista deslumbrante no alto Botafogo.

SÃO PAULO

Aragon
(11) 4702-2010 – Granja Viana
www.aragonsp.com.br

• Espaço com construção tipo castelo e clima medieval.

CASAS DE FESTAS

Blast
(11) 3045-0522 – Vila Olímpia
www.blast.com.br
• Espaço ultramoderno e flexível.

Buffet Tôrres Itaim Bibi
(11) 3168-7466 – Itaim Bibi
www.buffettorres.com.br
• Tradicional casa de festas.

Buffet Tôrres Moema
(11) 5041-2244 – Moema
www.buffettorres.com.br
• Palco dos casamentos mais importantes da cidade.

Casa da Fazenda
(11) 3742-2810 – Morumbi
www.casadafazenda.com.br
• Construção colonial situada entre árvores centenárias dividindo o espaço com a capela de santa Clara.

Casa das Caldeiras
(11) 3873-6696 – Água Branca
www.casadascaldeiras.com.br
• Superatraente, este espaço monumental, totalmente restaurado, um dia foi uma das indústrias Matarazzo.

Casa Fasano
(11) 3074-4700 – Itaim Bibi
www.fasano.com.br
• Comandada por Andrea Fasano e Patrícia Filardi, esta casa é sofisticada e elegante, além de ter o bufê da família Fasano.

Casa Grande Hotel Resort & Spa
(11) 3389-4000 – Guarujá
www.casagrandehotel.com.br
• Área climatizada de frente para o mar. Centro de convenções para mil pessoas.

Casa Petra
(11) 5506-2231 – Brooklin Novo
www.casapetra.com.br
• Infra-estrutura de primeira qualidade e espaço para 500 pessoas sentadas.

Contemporâneo 8076
(11) 5535-4530 – Brooklin
www.contemporaneo8076.com.br
• O arquiteto João Armentano criou um espaço para receber até 1.200 pessoas. Lindo pátio interno.

Espaço Armazém
(11) 3645-3920 – Vila Leopoldina
www.espacoarmazem.com.br

Espaço Gardens
(11) 3021-7007 – Alto de Pinheiros
www.espacogardens.com.br
• Deslumbrante interior feito com madeira de reflorestamento, uma imponente fachada e paisagismo de Marcelo Faisal.

Espaço Host
(11) 3045-1018 – Vila Olímpia
www.espacohost.com.br
• Mezanino e salão acomodam 300 pessoas para jantar ou até 500 para coquetel.

Espaço Nobre Eventos
(11) 5083-8594 – Vila Mariana
www.espaçonobreeventos.com.br

Espaço Único
(11) 3846-6937 – Vila Olímpia
www.espacounico.com.br
• Salão e mezanino. Oferece ao cliente assessoria completa.

Estação São Paulo
(11) 3813-6355 – Pinheiros
www.estacaosaopaulo.com.br

• Antigo depósito de bebidas restaurado. Recebe 400 pessoas em suas modernas e versáteis instalações.

Fundação Maria Luisa e Oscar Americano
(11) 3742-0077 – Morumbi
www.fundacaooscaramericano.org.br

• Além de um espaço cultural construído dentro de 75.000m² de área. Organiza-se festa para até 800 pessoas.

La Luna
(11) 3815-1500 – Butantã
www.laluna.com.br

• Grande salão, recebe 450 convidados sentados ou coquetel para até mil pessoas. Cercado por jardins, possui um lindo espelho d'água.

Leopolldina
(11) 3841-4369 – Vila Olímpia
www.oleopolldo.com.br

• Dentro da Daslu. Ambiente assinado por Jorge Elias com capacidade para 200 pessoas sentadas e gastronomia *light*.

Leopolldo Faria Lima
(11) 3817-6363 – Jardim Europa
www.leopolldo.com.br

• Um dos preferidos da alta sociedade paulista. Salão e gazebo charmosos. Gastronomia de Giancarlo Bolla.

Leopolldo Itaim
(11) 3702-6363 – Itaim
www.leopolldo.com.br

• Recebem até 2.000 pessoas para festas ou coquetel. Decoração de Jorge Elias e gastronomia de Giancarlo Bolla

Mansão França
(11) 3662-6111 – Higienópolis
www.buffetfranca.com.br

• Há quase 60 anos atualizado com as tendências deste mercado. Infra-estrutura impecável em um dos espaços mais tradicionais de São Paulo.

Moinho Eventos
(11) 6698-0765 – Mooca
www.moinhoeventos.com.br

• Antigo moinho de trigo do século XIX. Já abrigou uma boate nos anos 1990. Adaptado como espaço de eventos. Tem também a Villa Moinho que comporta jantares para 350 convidados.

Rosa Rosarum
(11) 3897-4900 – Pinheiros
www.rosarosarum.com.br

• Duas opções de salões com serviços para grandes eventos em 9.600m² de área construída. Infra-estrutura completa.

Sala São Paulo
(11) 3367-9500 – Campos Elíseos
www.osesp.art.br

• Sala de concertos com elegantes salões que podem ser alugados para festas, dependendo da agenda cultural da casa.

Terraço Daslu
(11) 3848-5940 – Vila Olímpia
www.daslu.com.br

• A marca Daslu garante a qualidade dos serviços e o requinte dos seus salões.

Traffô
(11) 3045-4524 – Vila Olímpia
www.traffo.com.br

• Boa infra-estrutura em salão e jardim com capacidade para 450 pessoas sentadas.

Villa Noah Embratel
(11) 2179-3400 – Chácara Santo Antonio
www.noah.com.br

CASAS DE FESTAS

MUSEUS, PARQUES E ESPAÇOS

RIO DE JANEIRO

Forte Copacabana
(21) 2287-3781 – Copacabana
www.fortecopacana.ensino.eb.br

• Local para eventos com uma das mais deslumbrantes vistas do Rio de Janeiro: a praia de Copacabana.

Ilha Fiscal
(21) 2104-6992 – Centro
www.mar.mil.br/sdm/ilha

• Lugar mágico onde aconteceu o último baile do império, cenário maravilhoso para qualquer evento.

Morro da Urca
(21) 2295-7149 – Urca
evento@bondinho.com.br

• Além da viagem de bondinho, a marca do espaço do Morro da Urca é a sua versatilidade.

• Assinado pelo arquiteto Carlos Boeschenstein, o espaço possui charmoso terraço e *foyer* com chapelaria.

Museu de Arte Moderna
(21) 2532-0755 – Centro
www.eventosmam.com.br

• Um dos espaços para eventos mais nobres no Rio de Janeiro.

Museu do Açude
(21) 2492-2119 – Alto da Boa Vista
acude@museuscastromaya.com.br

• Abriga eventos ao ar livre com o *décor* da Mata Atlântica.

Museu Histórico Nacional
(21) 2550-9224 – Centro
www.museuhistoriconacional.com.br

• Com pitorescos pátios internos para eventos, possui espaço para cerimônias religiosas.

Solar da Imperatriz
(21) 3875-5990 – Jardim Botânico
www.jbrj.gov.br

• O imóvel data de 1750 e é localizado dentro do Jardim Botânico.

Veleiro Tocorimé
(21) 2226-7971 – Marina da Glória
projeto@tocorime.net

• Nada mais charmoso e diferente do que uma festa em um veleiro!

SÃO PAULO

Parque Burle Marx
(11) 3746-7631 – Morumbi

• Jardim e esculturas assinadas por Burle Marx num parque de 130.000m².

CLUBES

DISTRITO FEDERAL

Associação dos Servidores do Banco Central
(61) 3225-3547
(61) 3225-1488
www.asbac.com.br

Clube do Congresso
(61) 3225-4944
www.clubedocongresso.com.br

Clube do Exército
(61) 3226-1945
(61) 3226-0601
www.clubedoexercito.com.br

MINAS GERAIS

Automóvel Clube
(31) 3222-5159
www.automovelclubemg.com.br

RIO DE JANEIRO

Caiçaras
(21) 2259-6262 – Lagoa
www.caicaras.com.br

• Um dos mais tradicionais e bonitos clubes da cidade.

Clube Marapendi
(21) 3325-9669 – Barra da Tijuca
www.clubemarapendi.com.br

• Verdadeiro cartão-postal da Barra da Tijuca.

Costa Brava
(21) 2494-2607 – Barra da Tijuca
www.costabravaclube.com.br

• Um sedutor convite aos encantos desta cidade.

Country Club
(21) 2239-3332 – Ipanema

• Tradicional e elegante.

Gávea Golf Clube
(21) 3322-4141 – Barra da Tijuca
www.gaveagolfclub.com.br

• Proporciona festas muito elegantes. Lindo ambiente.

Iate Clube
(21) 2543-1013 – Urca
www.icrj.com.br

• Local fino e tradicional.

Itanhangá Golf Clube
(21) 2494-2507 – Barra da Tijuca
adm@itanhanga.com.br

• Salões de muito bom gosto para grandes festas. Jardins lindos!

Jockey Club Brasileiro
(21) 2259-0144 – Centro
www.jcb.com.br

• Diversos salões, comporta até mais de uma festa ao mesmo tempo.

Piraquê
(21) 3077-6000 – Lagoa
www.piraque.org.br

• Clube simpático e tradicional, com o diferencial de possuir uma capela na beira da Lagoa.

Sociedade Hípica Brasileira
(21) 2156-0169 – Lagoa
www.shb.com.br

• Tradicional espaço para recepções e grandes festas.

SÃO PAULO

Club Atlhlético Paulistano
(11) 3065-2000 – Jardim América
www.clubpaulistano.org.br

Clube Atlético Monte Líbano
(11) 5088-7070 – Ibirapuera
www.caml.com.br

• Este clube dispõe de serviço de bufê, estacionamento coberto e um bom salão para festas e casamentos.

Clube Hípico de Santo Amaro
(11) 5524-0600 – Santo Amaro
www.chsa.com.br

• Clube construído dentro de 330.000m^2 de Mata Atlântica. Sede social e casarão disponíveis para festas.

Harmonia clube
(11) 3087-0533 – Jardins

Jockey Club de São Paulo
(11) 2161-8300 – Cidade Jardim
www.jockeysp.com.br

• Varandas com vista para a pista de corrida. Grande sofisticação nos seus salões. Bufê assinado por Charlô.

São Paulo Golf Club
(11) 5521-9255 – Santo Amaro
www.spgc.com.br

• Salão comporta eventos para até 400 convidados. Tradicional clube de São Paulo com sede dos anos 1960.

HOTÉIS

DISTRITO FEDERAL

Hotel Nacional
0800-6447070
www.hotelnacional.com.br

• Possui sete salas para eventos de diversos tamanhos. Em Brasília é referência para festas e eventos.

Naoum Plaza Hotel
(61) 3322-4545
www.naoumplaza.com.br

• Possui oito salas prontas, o que facilita a realização de diversos eventos ao mesmo tempo.

Saint Paul Park Hotel
(61) 2102-8447
www.hotelstpaul.com.br

• As 12 salas deste hotel têm capacidade para receber até 700 pessoas e instalações de ótima qualidade para seu evento.

MINAS GERAIS

Ouro Minas Palace Hotel
(31) 3429-4000
www.ourominas.com.br

RIO DE JANEIRO

Caesar Park
(21) 2525-2525 – Ipanema
www.caesarpark-rio.com

• Na praia de Ipanema, possui simpáticos salões de festas.

Copacabana Palace Hotel
(21) 2548-7070 – Copacabana
www.copacabanapalace.com.br

• Os mais luxuosos e tradicionais salões para casamentos e eventos de diversos tipos. Linda vista da praia de Copacabana.

Everest Rio Hotéis
(21) 2525-2205 – Ipanema
www.everest.com.br

• Em Ipanema, possui salão para eventos e festas.

Hotel Fazenda São Moritz
(21) 2641-0035 – Teresópolis
www.saomoritz.com.br

• Infra-estrutura para eventos e convenções na serra.

Hotel Fasano Rio
(21) 3202-4000 – Ipanema
www.fasano.com.br

Hotel Glória
(21) 2555-7272 – Glória
www.hotelgloriario.com.br

• Entre os mais tradicionais hotéis do Rio. Linda vista da Baía da Guanabara e do aterro do Flamengo.

Hotel Porto Bello
0800-282-0868 – Angra dos Reis
www.hotelportobello.com.br

• Entre Mangaratiba e Angra dos Reis, possui um conjunto arquitetônico charmoso e agradável.

Hotel Sofitel
(21) 2525-1232 – Copacabana
www.sofitel.com.br

• Na praia de Copacabana, uma das vistas mais deslumbrantes e panorâmicas do Rio de Janeiro.

JW Marriott
(21) 2545-6532 – Copacabana
www.marriott.com.br/RIOMC

• Eventos sociais e corporativos com toda a infra-estrutura.

ANDRÉA NATAL
Gerente operacional do Copacabana Palace, Rio de Janeiro

Andréa Natal, gerente operacional do Copacabana Palace, vem incrementando a infra-estrutura para eventos de um dos mais belos hotéis da cidade.

O Copacabana Palace continua sendo o local mais charmoso para festas e eventos no Rio de Janeiro. "Sua localização é central e seu serviço de bufê é excelente. Temos um atendimento cada vez mais personalizado e os salões mais sofisticados e lindos de toda a América do Sul." São essas, entre outras, as razões de o Copacabana Palace permanecer entre os mais concorridos locais para a realização de eventos no Rio.

"Para nós, todos os tipos de festas são atraentes. Estamos sempre dispostos a superar as expectativas dos nossos clientes. Os casamentos têm um encanto único. Conviver com os noivos e com suas famílias e garantir que todos os sonhos se realizem conforme foram imaginados é uma honra e um prazer."

Novidades não faltam. A mais recente atração do bufê foi a introdução do serviço *kosher*, isto é, culinária que respeita os preceitos da religião judaica. O serviço é pessoalmente supervisionado pelo rabino Berkes, muito conhecido e respeitado pela comunidade.

Dentre os eventos mais recentes, Andréa cita a festa dos 75 anos do hotel. Entre outras atrações, houve uma magnífica apresentação de nado sincronizado na piscina da pérgula.

Motivo de orgulho para cada carioca, o Copacabana Palace embeleza a orla de uma das praias mais lindas do mundo.

Mediterranné Rio das Pedras
(21) 4002-2582 – Mangaratiba
www.clubmed.com.br
• Grandes espaços internos e ao ar livre, especialmente projetados para a realização de eventos. Jardins muito bem cuidados.

Porto Bay Rio Internacional
(21) 2546-8000 – Copacabana
www.portobay.com.br
• Ambiente elegante e versátil.

Portogalo – Suíte Hotel
(24) 3361-4343 – Angra dos Reis
www.portogalosuite.com.br
• Localizado próximo a Mangaratiba, possui uma linda vista da Costa Verde.

Rio Othon Palace
(21) 2525-1500 – Copacabana
www.rioothonpalace.com.br
• Eventos e festas de diversos tipos e tamanhos. Muito atraente.

Sheraton Barra
(21) 3139-8000 – Barra da Tijuca
www.sheraton.com.br

• Novo espaço da linha Sheraton, na praia da Barra da Tijuca. Segurança e facilidade de acesso

Sheraton Rio
(21) 25291122 – São Conrado
www.sheraton.com.br
• Mais de 30 anos com tradição e qualidade em pitoresco endereço do Rio.

SÃO PAULO

Grand Hyatt São Paulo
(11) 6838-1234 – Brooklin
www.hyatt.com.br
• O hotel oferece atraentes pacotes de festa. Possui dois grandes *ballrooms*.

Hilton São Paulo Morumbi
(11) 6845-0000 – Brooklin Novo
www.hilton.com
• O hotel oferece três opções completas para casamentos, com bolo, cristais e a noite de núpcias.

Hotel Unique
(11) 3055-4700 – Jardim Paulista
www.hotelunique.com.br
• Área de eventos com pé direito de seis metros e capacidade para até 1.200 pessoas. O chef Emmanuel Bassoleil assina os menus.

Maksoud Plaza
(11) 3145-8000 – Jardim Paulista
www.maksoudplaza.com.br

Pier 151
(12) 3896-1288 – Ilha Bela
www.realvillabella.com.br/pier151
• Com vista para o mar e deck amplo e charmoso. Saborosas opções no cardápio.

Renaissance São Paulo Hotel
(11) 3069-2233 – Cerqueira César
www.marriott.com.br
• Espaço perfeito para elegante decoração floral. Boa infra-estrutura. Gastronomia criativa e estrelada.

LOUÇAS, COPOS, TALHERES, FREEZERS ETC.

DISTRITO FEDERAL

A Solução Festas
(61) 3386-3557
www.asolucaofestas.com.br

Comemore Festas
(61) 3435-3355
www.comemorefestas.com.br

Estilo Festas
(61) 3343-2750
(61) 8842-0474
www.estilofestas.com.br

Fest Locações
(61) 3963-4001
edgarborges@pop.com.br

WN Festas
(61) 3391-1323

MINAS GERAIS

Aluguéis Festas e Eventos
(31) 3335-7081

Amanda Festas
(31) 3412-5961

Ávila Festas
(31) 3415-8641
(31) 3334-5801

Bella Mesa
(31) 3334-1535
bellamesa2@hotmail.com

BH Festas
(31) 3371-7755
(31) 9637-6590
www.festasbh.com.br/bhfestas

Empório das Festas
(31) 3378-5196

Loca Festa
(31) 3491-5400

Morielei Festas
(31) 3384-5715
(31) 3382-5320

RIO DE JANEIRO

A Festa é Nossa
(21) 2492-1037
(21) 2493-6865
www.afestaenossa.com.br

• Grande acervo em prata, cristal e porcelanas. Atendimento diferenciado. Material higienizado e pronto para o uso imediato. Respeito aos prazos e horários contratados.

Arte de Receber
(21) 2246-0585
(21) 2246-0591
artedereceber@gmail.com

• Peças diferenciadas com bom gosto. Pouca quantidade.

Barcellos Bros
(21) 2270-4153
(21) 2560-0904
atendimento@barcellos-bros.com.br

• Atendimento atencioso. Firma séria.

Da Guia Festas
(21) 2293-3191
www.daguiafestas.com

• Material básico.

E&M Fernandes Buffet
(21) 2295-0993
www.emfernandesbuffet.com.br

• Antiga no mercado de aluguel de louças.

Mundo das Festas
(21) 2221-1148

• Grande quantidade de material, porém não entrega higienizado. Ao receber o cliente terá que lavar tudo.

Ouro Fino Buffet
(21) 2456-8960
ourofino27@hotmail.com

SÃO PAULO

Arca Locação
(11) 6673-3555
(11) 6918-8755
www.arcaloc.com.br

Best Fest
(11) 3666-7153

Casa das Festas
(11) 3331-5644
www.casadasfestas.com.br

• Pioneira em São Paulo, também oferece a organização de eventos, decoração e pessoal.

La Table
(11) 3078-8896
www.latable.com.br

Losplat
(11) 3975-5000
www.losplat.com.br

Rentalbens
(11) 5093-3503
(11) 5041-6116
www.rentalbens.com.br

Requinte Festas
(11) 3816-6366
www.requintefestas.com.br

Ritz Aluguel de Material para Festas
(11) 3037-7755
www.ritzfestas.com.br

MATERIAL DE COZINHA

RIO DE JANEIRO

Alfaloc
(21) 3860-6258
alfaloc@globo.com

• Firma organizada, cuida bem do material alugado.

Alfatec
(21) 2560-1107

Wallitec
(21) 2270-3094
wallitec@ig.com.br

SÃO PAULO

Aliança
(11) 6843-4377
www.aliancalocacoes.com.br

Air Maker
(11) 6950-7508
airmaker@bol.com.br

Disk Tem
(11) 3751-5000
www.disktem.com.br

Seara Locação de Equipamentos
(11) 5041-3073
www.searaequipamentos.com.br

TOALHAS E GUARDANAPOS

MINAS GERAIS

Neida
(31) 3221-7308

Sheila Guardanapos
(31) 3481-6371
www.sheilaguardanapos.com.br

Sobre a Mesa
(31) 3272-3555

Talher de Prata
(31) 3278-3151
www.talherdeprata.com.br

RIO DE JANEIRO

Clube da Festa
(21) 2431-0264
clubedafesta@rjnet.com.br

Do Rafael
(21) 2593-9677
www.dorafael.com.br

Lucia e Ligia
(21) 2439-1574

Mesa em Cena
(21) 2512-1827
(21) 8121-5015
www.mesaemcena.com.br

Ouro Fino Buffet
(21) 2456-8960

P J Toalhas
(21) 9159-3502
(21) 9194-6484
vicentealbuquerque@
rjnet.com.br

Raimunda - RH Toalhas
(21) 2265-5570
rhtoalhas@yahoo.com.br

• Especialista em linho. Material impecável.

Relevo Artefatos de Papel
(21) 2537-8833
sonia51@ism.com.br

• Toalhas de papel fofo, substituindo as de pano numa emergência. Ótimas para lavabos.

Rosária
(21) 3322-5076
(21) 9708-5716
rfgs1963@hotmail.com

Ruth Dourado
(21) 2445-3249
(21) 3412-3971
ruthdourado@globo.com

SÃO PAULO

Arca Locação
(11) 6673-3555
(11) 6918-8755
www.arcaloc.com.br

Atelier da Mesa
(11) 3167-0370
www.atelierdamesa.com.br

Mesalinho & Complementos
(11) 3062-8519
www.mesalinho.com.br

• Acervo de mais de 5.000 toalhas. Personaliza toalhas bordadas e pintadas à mão.

Requinte Festas
(11) 3816-6366
www.requintefestas.com.br

Ritz Aluguel de Material para Festas
(11) 3037-7755
www.ritzfestas.com.br

Villa Décor
(11) 5543-0458

SOUSPLATS E PORTA-GUARDANAPOS

RIO DE JANEIRO

Eliane Salgado
(21) 2714-5226

Laços e Flores
(21) 9205-8636
lacos.flores@ig.com.br

Lucia Lynch
(21) 3322-3423
(21) 9607-6794

• Porta-guardanapos de muito bom gosto.

CAPAS PARA CADEIRAS

RIO DE JANEIRO

Amor Perfeito
(21) 2527-3264
aperfeito@bol.com.br

Fiesta
(21) 2241-2425
fiestatoalhas@ig.com.br

JS Aluga
(21) 3158-5480
(21) 8135-3937
asslms@hotmail.com

Rosaria
(21) 3322-5076

Ruth Dourado
(21) 3412-3971
ruthdourado@globo.com

WS Eventos
(21) 2596-3864
(21) 8996-6202

169

MANOBRISTAS, SEGURANÇAS E LIMPEZA

No passado as firmas de segurança costumavam limpar os ambientes dos eventos, por isso até hoje algumas destas firmas disponibilizam pessoas para este serviço e por este motivo elas estão juntas na mesma categoria.

MANOBRISTAS

DISTRITO FEDERAL

Apoio Manobrista
(61) 3272-3692

Apolo Eventos
(61) 3356-1655
(61) 9651-9319
davino.jr@pop.com.br

APS Ação, Proteção e Serviço
(61) 3568-2561
(61) 9984-8834

Ativa Serviços
(61) 3382-7352
(61) 3383-5549
ativapatrimonial@yahoo.com.br

AV Manobristas
(61) 3567-6779

Cema Manobrista
(61) 3385-2612

Centaurus
(61) 3233-2992
(61) 3238-5338
www.centaurusmanobristas.com.br

Farcil
(61) 3381-7370

JB
(61) 3381-9850

KWK Eventos & Promoções
(61) 3037-4343
(61) 9615-1249
edionferreirabrito@gmail.com

Manobristas
(61) 8151-8857

Stillo Valet Parking
(61) 3333-3805
(61) 8421-6330

VOS
(61) 3382-7738
(61) 3567-9342

Zeus
(61) 3345-6032
(61) 9984-4972

MINAS GERAIS

Kallew Recepção & Apoios de Eventos
(31) 3801-0464
kalleweventos@yahoo.com.br

Victory
(31) 3337-8118
www.victoryeventos.com.br

RIO DE JANEIRO

ESS Serviços
(21) 2570-1779
(21) 8868-2730

JR & Durand
(21) 2232-7297
(21) 9243-5227
jrdurand@ig.com.br

Rio Park
(21) 2208-4096

Sunset Eventos
(21) 2274-3264

Prime Valet Parking
(21) 2274-3264
(21) 2274-3546
www.valetparking.com.br

WCR Serviço de Manobristas e Guardadores
(21) 2475-2545
(21) 7896-2304
wcr@valetparking.com.br

SÃO PAULO

Área Parking Valet Service
(11) 5093-2000
www.areaparking.com.br

City Security Valet Parking
(11) 5183-6030
www.citysecurity.com.br

Estapar Mr. Valet
(11) 2161-8035
www.estapar.com.br

ICO Valet Park
(11) 2127-7400
www.ico.com.br

Pinheiro Park
(11) 3971-7350

Rede Park
(11) 3081-6444
www.redepark.com.br

Riti
(11) 3167-7111
SAC@riti.com.br

SEGURANÇA E LIMPEZA

DISTRITO FEDERAL

Cia. Vigilância e Segurança
(61) 3354-0169
ciavigilancia@gmail.com

Shock Segurança
(61) 3033-1606
(61) 3351-3722
shockseguranca@gmail.com

MINAS GERAIS

Anjos da Guarda Seguranças
(31) 3228-6567
www.anjosdaguarda.com.br

Banho de Brilho
(31) 3377-9054
www.banhodebrilho.com.br

Limpidus
(31) 3442-8442
lmg015@uai.com.br

MR Seguranças
(31) 3378-0052

RIO DE JANEIRO

Abir Segurança
(21) 2436-9605
(21) 2436-7264
www.abirseguranca.com.br

Alfa Prestadora de Serviços
(21) 3157-2176
(21) 9718-6834

ESS Serviços
(21) 2570-2730
(21) 8868-2730

Farhus Seguranças
(21) 2445-2314
(21) 2445-2698
farhus@uol.com.br

Glison Santos Seguranças
(21) 2445-6537
(21) 9997-7916
settecerze@globo.com

Hércules
(21) 2589-2475
(21) 2580-0318
www.herculesvigilancia.com.br

Kennios Assessoria em serviços
(21) 2487-8367 / (21) 3431-8444
kennios@terra.com.br

Natsar Servicos
(21) 2696-6593
(21) 9427-7403
natsar@ig.com.br

Rio Security
(21) 2295-2276
(21) 9985-7740
www.riosecurity.com.br

Rio Vip
(21) 2572-0149
(21) 9762-0033

Strutura
(21) 2274-3264
(21) 8121-0621
www.sunsetparking.com.br

SÃO PAULO

Albatroz
(11) 3188-2111
www.grupoalbatroz.com.br

Assegur
(11) 3965-1915
www.assegur.com.br

Asser Serviços de Eventos
(11) 6721-5839

Escolta
(11) 4223-6600
www.escoltaservicos.com.br

Homens de Preto
(11) 3862-2276
www.homensdepreto.com.br

Inside Serviços Especializados
(11) 6128-8484
www.insideservicos.com.br

Titanium
(11) 3052-4463
www.grupotitanium.com.br

MÓVEIS DIVERSOS

SOFÁS, PUFFS, BIOMBOS ETC.

DISTRITO FEDERAL

Comemore Festas
(61) 3435-3355
www.comemorefestas.com.br

Loc Festas
(61) 3032-8007
(61) 3475-9125
www.locfestasdf.com.br

Mobilhah
(61) 3234-5873
(61) 9985-9657
www.mobilhah.com.br

Pedro
(61) 3399-3525
(61)9244-5286

Puffs em Festa
(61) 3399-3525
(61) 9244-5286

WN Festas
(61) 3391-1323

MINAS GERAIS

Commemorare
(31) 3288-1394
www.commemorare.com.br

Festa & Companhia BH
(31) 3284-1699
(31) 3284-5598
www.festaecompanhia.com

Festa e Requinte
(31) 3492-8189

Loja das Festas
(31) 3286-0688
www.lojadasfestas.com.br

Talher de Prata
(31) 3278-3115
www.talherdeprata.com.br

RIO DE JANEIRO

Arquivo Contemporâneo
(21) 2497-3363
(21) 2497-3398
www.arquivocontemporaneo.com.br
• Bom gosto em seu acervo de móveis para aluguel.

Arte Inglesa
(21) 2772-8032
(21) 2408-3010
www.arteinglesa.com
• Grande variedade de móveis e objetos para festas.

Cáucaso móveis
(21) 2493-1483
(21) 2493-1255
www.caucaso.net

Clauwan
(21) 2578-8488
clauwan@clauwan.com.br

Commemorare
(21) 2516-1518
www.commemorare.com.br

• Grande espaço repleto de móveis para aluguel.

Confiance Décor
(21) 2580-6831
www.confiancedecor.com.br

• Nova no mercado. Eficiente, séria, cuidadosa e de bom gosto.

Crystal Palace
(21) 2257-0570
www.specialevents.com.br

Dupla Magi
(21) 2491-1537
(21) 9914-4130
www.duplamagi.com.br

• Marisa e Gilda alugam desde móveis e coberturas até utensílios.

Espaço Ásia
(21) 2437-0425
(21) 2437-7085
www.espacoasia.com.br

• Coleção de móveis balineses de muito bom gosto.

Fortunate
(21) 2438-6023
(21) 2438-6035
www.fortunate.com.br

• Móveis transados.

Galeria Contorno
(21) 2274-3832
(21) 2239-1342
www.contornoartes.com.br

• Objetos e obras de arte para alugar.

Galpão 401
(21) 3885-0327
(21) 7842-3308
www.galpao401.com.br

• Lucia Helena aluga móveis e objetos. Decora ambientes de festas.

Home & Bazar
(21) 2431-2915
www.homebazar.com.br

• Objetos e utensílios de muito bom gosto para sua festa.

Limaloc
(21) 2583-0143
limaloc@limaloc.com.br

Lona Branca
(21) 2539-8690
www.lonabranca.com.br

• Muita eficiência e presteza. Firma de peso neste mercado.

Mesa e Tampo
(21) 2561-7124
adriana@mesaetampo.com.br

Mineirart
(21) 2203-0203
www.mineirart.com.br

• Cadeiras e mesinhas típicas de bar com tampo de mármore entre outros.

Mobille
(21) 2714-1822
(21) 9691-3666

Mobilli
(21) 2616-3470
(21) 9961-4731
www.mobilli.com.br

Novo Stilo
(21) 2616-1125
(21) 9968-4066
www.novostilo.com

Oficina Inglesa
(21) 2512-9911
www.oficinainglesa.com.br

• Aluguel de lindas cadeiras e boas mesas.

Portal do Oriente
(21) 3908-0649
www.portaldooriente.com.br

• Aluguel de móveis e portais entre outros objetos do oriente.

SOFÁS, PUFFS, BIOMBOS ETC.

Puff&Cia
(21) 3882-6744
contato@puffecia.com.br

Stilo Asia
(21) 2417-6932
(21) 2427-6917
www.stiloasia.com.br
• Móveis de estilo asiático. Grande diversidade com quantidade.

Tapetes para aluguel Spiro
(21) 2287-3797

Toldo e Arte Produções
(21) 2444-6119
toldoearte@oi.com.br

Toute Façon
(21) 2262-2955
(21) 8866-5426
www.toutefacon.com.br
• Bom gosto e muitas opções em aluguel de móveis.

Unifesta Rio
(21) 3342-1581
(21) 9913-5451
www.unifestario.com.br

100% Eventos
(11) 3686-8039
www.cemporcentoeventos.com.br
• Oferece todos os tipos de móveis, antiguidades e objetos personalizados para qualquer tipo de evento.

SÃO PAULO

Arca Locação
(11) 6673-3555
(11) 6918-8755
www.arcaloc.com.br

Complements
(11) 3527-6644
www.complements.com.br
• Oferece grande acervo com inúmeras opções de cadeiras e móveis em geral.

Faço Festa
(11) 3698-5439
www.facofesta.com.br

Móbile Festas
(11) 3875-5466
www.mobilefestas.com.br

Rentalbens
(11) 5093-3503
(11) 5041-6116
www.rentalbens.com.br

Ritz Festas
(11) 3037-7755
www.ritzfestas.com.br
• 1.200 itens para aluguel.

Tríade
(11) 3834-3664
www.triademoveis.com.br
• Acervo clássico, perfeito para festas e casamentos. Decoração de *lounges* com muito estilo.

MESAS E CADEIRAS

DISTRITO FEDERAL

Casa Blanca
(61) 3248-4429
(61) 3248-6535
casablanca@uol.com.br

Claudia Festas
(61) 3351-8933

Convid
(61) 3344-9399
www.convidfestas.com.br

Franrati
(61) 3301-3310

Lu Magrela
(61) 3443-9356
(61) 3245-1180
www.lumagrela.com.br

Maison Mizuno
(61) 3562-4420
(61) 3652-4021
www.maisonmizuno.com.br

MINAS GERAIS

Bella Mesa
(31) 3334-1535
bellamesa2@hotmail.com

Equipa Festas
(31) 3234-5889
equipafestas@yahoo.com.br

Glamour Festas
(31) 3374-9474
zjra@uai.com.br

RIO DE JANEIRO

Aluga Mesas TMC
(21) 2260-6170
(21) 9694-0224
tmcmesas@aol.com

Aluguel de Mesas e Cadeiras
(21) 3376-4249
wpinto@ibge.gov.br

Clauwan
(21) 2578-8488
www.clauwan.com.br

Do Rafael
(21) 2593-9677
aluguel@dorafael.com.br

Elite Fest Club
(21) 2751-2738
alugueldemeseas@terra.com.br

Ibele Festas e Eventos
(21) 2581-8515
(21) 8882-7652
ibelefestas@gmail.com

PM Festas
(21) 3872-8650
pmfestas@uol.com.br

Web Festas
(21) 3181-6252
walter.saldanha@ig.com.br

Willos Mesas
(21) 2425-3812
www.willos.ubbi.com.br

SÃO PAULO

ABM Locadora de Bens Móveis
(11) 6121-7324
abmlocadora@hotmail.com

Anfitriã Locação de Material para Festas
(11) 5078-9096
www.anfitriafesta.com.br

Arca Loc Artigos p/ Festas
(11) 6918-8755
www.arcaloc.hpg.com.br

CADEIRAS PARA AUDITÓRIOS

RIO DE JANEIRO

Escoflex
(21) 2767-2233
escoflex@escoflex.com.br

Rentalcenter
(21) 2445-5866
eventos.rj@rentalcenter.com.br

Telelok
(21) 2564-1686
lorena.panfili@telelok.com.br

SÃO PAULO

Central Lok
(11) 5678-8888
www.centrallok.com.br

Escriart
(11) 6256-3555
www.escriart.com.br

RECEPCIONISTAS

DISTRITO FEDERAL

Apoio
(61) 3272-3692

Grupo Labor
(61) 3225-0207

Sérgio Cabral
(61) 3443-9278
(61) 9608-4227
www.cabralrh.com.br

Staff
(61) 3244-2044

MINAS GERAIS

Kallew Recepção e Apoio de Eventos
(31) 3081-0464
kalleweventos@yahoo.com.br

RIO DE JANEIRO

Aruanda Eventos
(21) 2527-0842
contato@aruandaeventos.com.br

Equipe Unida
(21) 2487-2653
(21) 9637-3799
contato@eueventos.com.br

Esfera Eventos
(21) 2254-4062

Fagga Eventos
(21) 3521-1500
www.fagga.com.br

François Promoções
(21) 2286-5034

Jobe Promoções
(21) 2265-5060

MF Produções
(21) 2244-7134
contato@mfproducao.com.br

Ventury
(21) 2502-5335
ventury@ventury.com.br

Vera Perez
(21) 2256-4649
www.veraperez.com.br

SÃO PAULO

Ana Marta Intérpretes
(11) 3031-5415
www.eic.com.br

Faro
(11) 3531-9772
(11) 6345-8423
www.faro.com.br

Inside Serviços Especializados
(11) 6128-8484
www.inside.com

Renata Castro
(11) 5541-3234
www.renatacastro.com.br

SOUVENIRS E ARTIGOS PARA FESTAS

DISTRITO FEDERAL

AND Comunicação
(61) 3340-1916
(61) 9988-7368
adncomunicação@uol.com.br

Brind's Artes
(61) 3399-2440
brindartdf@bol.com.br

CT Comunicação
(61) 3201-0013
www.ctcomunicacao.com.br

D Flor
(61) 3364-1153
(61) 3248-4153
www.dflor.com.br

Dona Flor Forminhas e Lembrancinhas
(61) 3364-1153
www.dflor.com.br

Jcs Decorações
(61) 3234-5542

Jr Brindes
(61) 9611-2865

MINAS GERAIS

Art'Nobre
(31) 3201-8824

Bouquet Desidratado
(31) 3335-6752
(31) 9826-1934

Cláudia Macedo Bonecos
(31) 3227-0250
claudiamacedobonecos@yahoo.com.br

Graça Souvenir's
(31) 3413-3400
ipolicarpo@terra.com.br

Lunart
(31) 3223-7138

Maria Tereza Lembranças
(31) 3344-3536

Tiago Marcelino Alves Silva
(31) 3336-9199
(31) 8622-1504
tibis_dc@yahoo.com.br

RIO DE JANEIRO

Brenda e Silvana Brindes
(21) 9328-8295
brendabrindes@yahoo.com

Casa Pinto Tecidos de Festas
(21) 2224-8118
(21) 2509-6063
www.casapinto.com.br

Coisa Para Se Guardar
(21) 2258-2036
(21) 8714-4663
lugui_dantas@hotmail.com

Dupé Sandálias
(21) 8841-7657
anabarbaravendas@terra.com.br

Fabiana Cardoso – Álbuns Personalizados
(21) 2279-4699
(21) 9966-2372
www.maisquepapel.com.br

HP Festas
(21) 2602-8777
www.hpfestas.com.br

Laços e Flores
(21) 9205-8636
lacos.flores@ig.com.br

Lania de Paula
(21) 2252-7427
(21) 8140-0419
lania_arte@yahoo.com.br

Leila Brindes
(21) 2575-5453
(21) 2268-1958

Lourdes Boaventura
(21) 2572-7214
(21) 9961-1478
www.lboaventura.cjb.net

Ludag Brindes Personalizados
(21) 3760-3582
(21) 9298-2515
www.ludagbrindes.com.br

Mara & Lara Guimarães
(21) 2178-2158
www.maraelara.com.br

Oficina dos Brindes
(21) 2551-7139
(21) 8858-9370
marialiathibau@ig.com.br

Party and Co.
(21) 2491-1018
(21) 8273-7996
• Garrafinhas de água mineral personalizadas

Party Shop Festas
(21) 2512-3201
www.partyshop.com.br

Pour Memoir
(21) 8752-4266
claudiamado@ig.com.br

Requinte Lembranças
(21) 2575-5453
(21) 9981-7923
simone.nakad@ig.com.br

Scrapbook
(21) 2294-9141
(21) 8157-2499
tizigm@hotmail.com

Sempre Festa
(21) 3325-5389
www.semprefesta.com.br

Tree
(21) 2247-5219

Vaksdesign
(21) 8121-3420
www.vaksdesign.com.br

Web Momentos
(21) 3022-4488
www.webmomentos.com.br

SÃO PAULO

A Festa
(11) 3873-6074

Albuns.com
(11) 3060-8572
www.albuns.com.br

Alves S'tudio Eventos
(11) 6455-3683
(11) 6485-8662
www.alvestudio.com

Atelier R. Decourt
(11) 3032-3571
www.rdecourt.com.br

TELEFONES ÚTEIS

Belle Gifts
(11) 3062-8444
www.bellesposa.com.br

Bibi Crystal
(11) 3079-2696
www.bibicrystal.com.br

Bibiana Paranhos
(11) 3079-2696
www.bibiparanhos.com.br

Brindes Personalizados
(11) 5016-4489
www.tudoembrindes.com.br

Canto das Artes
(11) 4193-4629
(11) 8145-5608
www.cantodasartes.com.br

Click and Take
(11) 3031-7334
www.clickandtake.com.br

Cuka Biscuit
(11) 6748-9036
www.cukabiscuit.com

Festa Chic
(11) 6977-6255

Festimania
(11) 3068-9484

João Gallina
(11) 6335-1252
www.bolasgallina.com.br

Papeteria
(11) 3813-9214
www.papeteria.com.br

Peppermint Place
(11) 3082-5471
(11) 3082-4568
www.peppermintplace.com.br

Prataria Santa Rita
(11) 2275-1197
www.prataria.ind.br

Sam Master – Canecas Personalizadas
(11) 4587-6040
www.sammaster.com.br

Zafirah Souvenirs
(11) 6957-9760

TELEFONES ÚTEIS

PREVISÃO DO TEMPO

Centro de Previsão do Tempo e Estudos Climáticos
www.cptec.inpe.br

Climatempo
www.climatempo.com.br

TELEFONES DE EMERGÊNCIA

Corpo de Bombeiros 193
Defesa Civil 199
Polícia Federal 194
Polícia Militar 190
Pronto Socorro 192

DISTRITO FEDERAL

Aeroporto Internacional de Brasília
(61) 3364-9000

Água e Esgoto
(61) 115

Atendimento ao Usuário do Metrô
(61) 3353-7373

Cia Energética de Brasília - CEB
0800-610196

Detran
(61) 154

Transporte Público
(61) 118

MINAS GERAIS

Aeroporto Carlos Prates
(31) 3462-6455

Aeroporto Confins
(31) 3689-2700

TELEFONES ÚTEIS

Aeroporto Pampulha
(31) 3490-2001

CEMIG Central de Atendimento
0800-310196

Cia de Saneamento
(31) 115

Conexão Aeroporto
(31) 3224-1002

COPASA – Cia de Água Belo Horizonte
(31) 195

Coopertaxi
(31) 3411-5433

Correios
(31) 3223-4111

Polícia Rodoviária Estadual
(31) 3332-4988

Polícia Rodoviária Federal
(31) 3333-2999

Radiotáxi BH
(31) 3418-3434

Terminal Rodoviário de Belo Horizonte
(31) 3271-3000

RIO DE JANEIRO

Aerobarcos
(21) 2533-4343

Aeroporto de Jacarepaguá
(21) 3432-7070

Aeroporto Internacional Tom Jobim
(21) 3398-5050

Aeroporto Santos Dumont
(21) 3814-7070

Água e Esgoto
(21) 2506-1197

Ambulância – Pronto Socorro
(21) 192

Barcas
(21) 2533-6661

Bombeiros
(21) 2232-1234

CEG – Emergências
0800-240197

CET – Rio
(21) 2508-5500

Correios – achados e perdidos
0800-5700100

Defesa Civil
(21) 199

Delegacia de Atendimento ao Turista
(21) 3399-7171

Detran
(21) 3460-4040

Disque-Luz
(21) 2535-5151

Fedex
0800-7033339

Luz e Força – Light
0800-210196

Metrô
0800-5951111

Polícia Federal
(21) 2203-4000

Polícia Civil
(21) 3399-3218

Polícia Rodoviária Estadual
(21) 2625-1530

Polícia Rodoviária Federal
(21) 2471-6111

Radiotáxi 2000
(21) 3878-8880

Radiotáxi Coopertramo
(21) 2560-2022

Radiotáxi Coopsind
(21) 2189-4503

Rodoviária Niterói
(21) 2620-8847

Rodoviária Novo Rio
(21) 3213-1800

Salvaero – Busca e Salvamento Aéreo
(21) 2220-0515

TELEFONES ÚTEIS

Salvamar – Busca
e Salvamento Marítimo
(21) 2253-6572

Taxicall
(21) 2605-2398

Telegrama Fonado
(21) 135

Terminal Rodoviário
Menezes Cortes
(21) 2533-8819

SÃO PAULO

Aeroporto Campo de
Marte
(11) 6221-9477

Aeroporto Internacional
de Cumbica
(11) 6445-2945

Aeroporto de Congonhas
(11) 5090-9000

Água e Esgoto
(11) 195

Comgás
0800-1101197

Correios – Achados
e Perdidos
0800-5700100

Deatur – Apoio ao
Turista
(11) 3104-0209

Detran
(11)154

Emergências de Trânsito São Paulo
(11) 194

Empresa Metropolitana de Transportes
Urbanos
0800-190088

Energia Elétrica
0800-7272196

Farmácias de Plantão
São Paulo
(11) 136

Metrô
(11) 3286-0111

Polícia Civil São Paulo
(11) 147

Serviço de táxi
(11) 9973-4977

Serviço de táxi
(11) 9906-2290

Telegrama Fonado
0800-5700100

**PARAMÉDICOS E
AMBULÂNCIAS**

MINAS GERAIS

APS Urgent
(31) 3482-1222
www.aps.com.br

RIO DE JANEIRO

Diogo Osternack e João
Paulo Epprecht
(21) 9351-0570
diogolages@openlink.
com.br

Presto Med
(21) 3232-4444
paulaamaral@prestomedrio.com.br

Star Life Rio de Janeiro
(21) 2437-3976
estarlife@estarlife-rj.com.br

SÃO PAULO

Anjos Emergência
(11) 6673-5101
www.anjosemergencia.
com.br

JGI Locação de
Ambulâncias e Vans
(11) 7648-7299
www.ambulanciasjgi.com.br

Saúde Serviços Médicos
(11) 6168-3850
www.saudeambulancias.
com.br

SOS Ambulâncias
(11) 6941-2110
www.sosambulancias.
com.br

TOLDOS, TENDAS, COBERTURAS E ESTRUTURAS TUBULARES

DISTRITO FEDERAL

Arts Toldos e Decoração
(61) 3380-2175
(61) 9983-9752

Circos e Pirâmides Park Way
(61) 3381-6177

Comemore Festas
(61) 3435-3355
www.comemorefestas.com.br

Dantas Tendas
(61) 3458-2020
(61) 9992-5869

Loc Festas
(61) 3032-8007
(61) 3475-9125
www.locfestasdf.com.br

Lona Branca
(61) 3386-1798

Mills – Estruturas tubulares e coberturas
(61) 3233-6668
www.mills.com.br

Natsu Metalúrgica
(61) 3468-4044

Real Festas
(61) 3552-3214
(61) 9902-9556
katia@realfestas.kit.net

Toldos Arco
(61) 3036-1560
(61) 8122-4933
www.toldosarco.com.br

Toldos Planalto
(61) 3374-8172
(61) 3374-3172

MINAS GERAIS

Classe A Coberturas e Decorações
(31) 3495-2311
classeacoberturas01@terra.com.br

Disk Palco
(31) 3621-7084

Embramee
(31) 3281-6148
http://embramee.vila.bol.com.br

Mil Toldos Montagens e Decoraçoes
(31) 3457-3151
luiztoldoseventos@terra.com.br

Millenium Coberturas e Decorações
(31) 3451-3139
geraldinhotoldoseventos@oi.com.br

Mills – Estruturas e coberturas
(31) 3443-4047
(31) 3443-4968
www.mills.com.br

Sinal Verde Toldos
(31) 3222-7825
(31) 3273-6007

Som BH
(31) 3411-2841
www.sombh.com.br

Tenda Branca
(31) 3452-2967
(31) 3452-2639

RIO DE JANEIRO

Afirma Toldos e Decorações
(21) 3890-1400
(21) 8241-1359
gleicev@ig.com.br

Arte Design Toldos
(21) 38902004
www.artedesigntoldos.com.br

Cesar Toldos
(21)9213-7358

CW Festas
(21) 2492-5589
(21) 9638-3943

Ekipe Tendas Festas e Eventos
(21) 3455-6053
www.ekipetendas.com.br

Lona Branca
(21) 3860-8878
www.lonabrancaeventos.com.br
• Referência em coberturas e móveis no Rio de Janeiro

Lona's Rio Cenografia
(21) 2410-0803
www.lonasrio.com.br

Luis Carlos
(21) 3396-7380
(21) 9916-3509

Mills – Estruturas tubulares e coberturas
(21) 2132-4338
www.mills.com.br

Oceanic Eventos – Aluga palcos
(21) 3103-3926
www.oceaniceventos.com.br

Prosol
(21) 2701-1649

Scott Designer
(21) 3286-7050

Tendas 1 Minuto
(21) 2491-5728
(21) 9693-9569
www.tendas1minuto.com.br

Toldo e Arte
(21) 2444-6119
toldoearte@oi.com.br

Top Toldos
(21) 3084-4555

Vitória Brasil
(21) 2544-7929
(21) 7836-7541
www.vitoriabrasileventos.com

VMC Decorações
(21) 2635-9814

SÃO PAULO

Criativa Coberturas
(11) 5817-9431
www.criativadecoracoes.com.br

Cris Coberturas e Decorações
(11) 3871-1549
www.criscoberturas.com.br

Gianni Coberturas e Decoração
(11) 3611-9316
www.giannicoberturas.com.br

Lona Branca
(11) 3832-8350
www.lonabranca.com.br

Luzitana Coberturas
(11) 5825-1520
www.luzitanacoberturas.com.br

Mills – Estruturas tubulares e coberturas
(11) 3787-4142
www.mills.com.br

Party Coberturas e Decoração
(11) 3834-5593
www.partycoberturas.com.br

Rentalbens
(11) 5093-3503
(11) 5041-6116
www.rentalbens.com.br

TRANSPORTES

LOCAÇÃO DE CARROS

DISTRITO FEDERAL

ABK
(61) 3328-4234
(61) 3328-1294

Aloucar
(61) 3226-3888

City Car
(61) 3233-9471

Corola e Mercedes
(61) 3346-2057
(61) 9983-3854
www.aluguecarros.com.br

EBS
(61) 34447-5618
(61) 9986-4999
www.aluguecarros.com.br

Opção
(61) 3328-5999

Presmic Turismo
(61) 3233-0115
www.presmic.com.br

MINAS GERAIS

Black Tie Limousines
(31) 8737-3000
www.blaktielimousines.com.br

Lokamig Aluguel de Veículos
(31) 3349-8900
www.lokamig.com.br

Lunacar
(31) 8444-8286
www.lunacar.com.br

Savena Locadora
(31) 3411-6657
www.savena.com.br

RIO DE JANEIRO

Actual
(21) 2541-3444

• Carros de luxo com motoristas uniformizados. Cadilac, Jaguar e Mercedes.

Auto Estilo
(21) 3602-8609
(21) 9365-0321
autoestilo@globo.com

• Modelos da década de 20 em diante. Valor calculado com base no trajeto.

Automóvel de Luxo
(21) 9994-2377

• Carros de altíssimo luxo, Limusine inclusive. Motoristas uniformizados com quepes etc.

Belair Eventos
(21) 2619-1078
(21) 9413-7192
www.belaireventos.com.br

• Carros das décadas de 1930, 1940, e 1960. Todos um luxo, em perfeitas condições. Motoristas acompanham os carros.

Drive Basil Rent A Car
(21) 3325-1315
www.drivebrasil.com.br

Elite Top Drive
(21) 2254-9130
www.elitetopdrive.net

Enfim Sós
(21) 2447-5880
(21) 9994-8769
www.enfimsos.com.br

Jadiel Veículos Especiais
(21) 2619-1940
www.jadiel.com.br

Limousines Gina
(21) 2433-2480
www.npw.com.br/autoluxo

Locanit
(21) 2275-4448

Locarvel
(21) 2439-1082

• Carros nacionais, com ou sem motoristas.

Newton Barcelos de Moraes
(21) 2227-5645
netto86@aol.com.br

Rent a car Internacional
(21) 2295-9494
www.rentacarinternacional.com.br

Rio Executive Express
(21) 2542-7997
(21) 9994-8453
luis@rexex.com.br

• Carros Omega e Mercedes. Motoristas bilíngües vestindo terno e gravata.

Rio Limo Limousines
(21) 8272-0239
www.riolimo.com.br

Sonho sobre Rodas
(21) 2218-8121
www.sonhosobrerodas.com.br

LOCAÇÃO DE CARROS

Stop Drive
(21) 2293-4433
• Carros de luxo, inclusive uma réplica perfeita do Jaguar, todos com motoristas.

Telecar Rent a Car
(21) 2548-6778
www.telecar.com.br

USA Brasil
(21) 2542-4242
www.usarentacar.com.br

Veículos Lynear
(21) 2569-4040
(21) 2568-2080
www.lac.com.br/lynear
• Mercedes, Jaguar e Omega, com motoristas inclusive.

Viriato
(21) 2438-1075
• Aluga carros de luxo há 38 anos. Motoristas e combustível incluídos. Aluguel mínimo de três horas.

SÃO PAULO

A.M. Classics
(11) 6161-2666
(11) 9478-0853
www.amclassics.com.br

Dante Forestieri
(11) 5183-4946
www.danteforestieri.com.br

Era Park Rent a Car
(11) 6601-4455
www.erapark.com.br

Estevez Veículos Especiais
(11) 6341-2693
(11) 9933-9839
www.estevez-limousines.com.br

Gênova – Carros para Casamentos e Eventos
(11) 6605-4585
www.genovalocadora.com.br

Golden Classic
(11) 5505-2317

Limo Service
(11) 3903-0885
(11) 9931-0942
www.limoservice.com.br

Luxxor Limousines
(11) 6169-9982
(11) 2273-8074
www.luxxor.com.br

Mag Executive
(11) 3482-1410
(11) 9451-1776
www.magexecutive.com.br

New Star Limousines
(11) 6991-7000
(11) 6959-7000
www.newstarfhashion.com.br

Old Classic Car
(11) 6169-0080
www.oldclassicar.com

Passado e Presente Rent a Car
(11) 6986-9846
(11) 6202-7932
www.passadoepresente.com.br

Paulo Amorim
(11) 3825-1238
www.pauloamorimautos.com.br

Regina Rent Car
(11) 3023-3434
(11) 3021-3011

Rent Car
(11) 3825-4213

Richcars Locação de Automóveis
(11) 3865-4426
(11) 9122-8652
www.richcars.com.br

Starcars
(11) 3871-3897
www.starcars.com.br

Tony's Carros
(11) 3661-6155

EM TODO O BRASIL

Hertz
0800-147300

Localiza
0800-992000
www.localiza.com.br

Yes Aluguel de Carros
0800-7092535
www.yes-rentacar.com.br

HELICÓPTEROS E JATINHOS

RIO DE JANEIRO

Condor Vip Car
(21) 9989-5313

Cruzeiro Táxi Aéreo
(21) 3325-6500

DS Táxi Aéreo
(21) 2220-3372

Helirio
(21) 2437-7065

Helistrans
(21) 2210-2115

Nacional Táxi Aéreo
(21) 2325-3158

Rio Vip Service
(21) 3322-3117
(21) 9972-1299
www.riovipservice.hpg.ig.com.br

Ultra Plana Táxi Aéreo
(21) 2325-8197

Visual Eventos
(21) 2232-1926
www.visualeventos.com.br

SÃO PAULO

Check Point
(11) 6091-1316
www.checkpoint.com.br

Zafi Tour
(11) 5531-8877
www.zafitour.com.br

EM TODO BRASIL

Líder Táxi Aéreo
0800-9702020
www.lideraviação.com.br

Web Jet
0300-2101234
www.webjet.com.br

ÔNIBUS E VANS

DISTRITO FEDERAL

Alugvan Locação de Veículos
(61) 9959-7535
www.suprematur.com.br

Opção Auto Locadora
(61) 3965-5999
www.opcaoautolocadora.com.br

Presmic Turismo
(61) 9985-4093
www.presmic.com.br

Quasar Locadora
(61) 3328-7755
www.quasarlocadora.com.br

Transvan
(61) 3387-5620
www.transvans.com.br

MINAS GERAIS

Aliança Turismo e Transporte
(31) 3383-1295
www.aliancaturismo.com.br

Alugvan
(31) 3452-1379
www.vipvans.com.br

Viana Vans
(31) 3411-5735
www.vianavans.com.br

Vip Vans
(31) 3377-8420
http://paginas.terra.com.br/turismo/vipvans2

RIO DE JANEIRO

Alpha
(21) 2501-8057
www.viacaoalpha.com.br

BSL Turismo
(21) 2699-0435
www.bsl-tur.com.br

DDG Transporte
(21) 2440-9492
www.altour.com.br

Dolphins Tour
(21) 3976-7509

Fenixtranstur
www.fenixtranstur.com.br

Iran Tur
(21) 2230-2454

MW Transportes
(21) 2437-4670
www.mwtransportes.com.br

Reitur Turismo
(21) 2560-7041
www.reiturturismo.com.br

Rio Transporte Locadora
(21) 2208-5588
www.riotransportes.com.br

Star Rio Turismo
(21) 2560-7838

Três Irmãos
(21) 3272-5999
www.treisirmaos.com.br

SÃO PAULO

JPS Aluguel de Veículos
(11) 3975-2306
www.frete@oi.com.br

JWA Turismo
(11) 5686-4332
www.jwa.com.br

Transporte Santa Maria
(11) 4127-9166
www.samaria.com.br

Vip Express
(11) 6412-1180
www.vipexpress.com.br

VELAS E OBJETOS QUE ILUMINAM

DISTRITO FEDERAL

Doce Paixão
(61) 4063-7073
www.lojadocepaixao.com

MINAS GERAIS

Aluguel de Velas
(31) 3292-8751
www.alugueldevelas.com.br

Iluminarte
(31) 3436-0005
www.iluminarte.com.br

RIO DE JANEIRO

À Luz de Velas
(21) 7836-1988
(21) 7836-1989
contato@aluzdevelas.com.br

Afonso Martins
(21) 2274-4309
• Velas superdecorativas para recepções ou festas particulares.

Aroma & Luz
(21) 2290-7519
(21) 9158-0330
velas@aromaeluz.com.br

Candle Design
(21) 2513-3601
(21) 2523-1831
www.candledesign.com.br
• Charme e elegância no aluguel de velas e objetos que iluminam. Bete e Letícia merecem aplausos!

Cia das Velas
(21) 3419-7312
www.ciadasvelas.com.br

D-Light
(21) 7811-6664
(21) 7811-6660
www.annaleticiacohen.com.br

Eliana Lipiani – Aluguel de Velas
(21) 3860-7159
(21) 3860-7157
www.alugueldevelas.com.br

• Pioneira nas velas de aluguel. Possui grandes objetos como lustres. Referência para decoradores. Aluga para Rio, São Paulo e Belo Horizonte.

Lightway
(21) 3860-8041
www.lightway.com.br

• Além de velas, almofadas e capas de sofá de aluguel.

N idéias
(21) 3239-1857
www.nideias.com.br

Originallis
(21) 2540-7873
(21) 2529-6564
www.originallis.com.br

• Venda de velas e aromas. Excelentes para uma festa ou evento. Pontos de venda em diversos shoppings do Rio.

Velas in Festa
(21) 2493-5282
(21) 9982-8734
www.velasinfesta.com.br

• As irmãs Suzana e Helena têm velas brancas e de cor com belo design. Imperdível para festas!

SÃO PAULO

Bia Sandoval
(11) 3062-1479
(11) 3031-1472
www.biasandoval.com.br

Luz Brasil
(11) 4702-0718
(11) 7817-9603
www.luzbrasil.com.br

Studio Flora Sodré
(11) 3726-7047
www.studioflora.com.br

Velas Belas Artes
(11) 6606-2827

ANOTAÇÕES

ANOTAÇÕES

ANOTAÇÕES

ANOTAÇÕES

Este livro foi composto em Din e impresso
por Geográfica Editora em novembro de 2007.